AF579571

EL PODER MORAL

Eduardo Duhalde

HOJAS DEL SUR
Buenos Aires
www.hojasdelsur.com

El poder moral
Dr. Eduardo Alberto Duhalde

1a edición

Editorial Hojas del Sur S.A.
Albarellos 3016
Buenos Aires, C1419FSU, Argentina
e-mail: info@hojasdelsur.com
www.hojasdelsur.com

ISBN 978-987-8916-48-4

Dirección editorial: Andrés Mego
Edición: Silvana Freddi
Fotografía de portada: Fundación Favaloro
Diseño de portada e interior: Noelia Pepe

Duhalde, Eduardo Alberto
El poder moral / Eduardo Alberto Duhalde. - 1a ed. - Ciudad Autónoma de Buenos Aires : Hojas del Sur, 2023.
160 p. ; 23 x 15 cm.

ISBN 978-987-8916-48-4

1. Ensayo Político. 2. Ética. I. Título.
CDD 320.01

A los jóvenes de hoy,
primer eslabón de una nueva era
en la historia de la humanidad.

De aquellos que aún
creemos que el amor puede unirnos.

Mi amor

A mi esposa.
A mis hijos.
A mi familia.

Mi lealtad

A mi pueblo.
A mis amigos.

AGRADECIMIENTOS

Expreso mi profundo agradecimiento a quienes, con su valiosa colaboración, me acompañaron a lo largo de toda mi actividad política, apostando al diálogo y al poder moral. Agradezco en especial a las siguientes personas e instituciones:

A Abel Posse (novelista, ensayista, diplomático y académico argentino) por la redacción del prólogo.

A la Iglesia Católica.

A Gustavo Guillerme, presidente del Congreso Mundial de Diálogo Intercultural e Interreligioso.

A la Universidad del Salvador.

A la Universidad Católica Argentina.

A la Universidad UCES.

Al Ingeniero Héctor Aiassa, rector de la Universidad Tecnológica Nacional.

ÍNDICE

Capítulo 3

Capítulo 4

Capítulo 5

Capítulo 6

PRÓLOGO

Más de una vez en sus declaraciones periodísticas, el presidente Eduardo Duhalde fue rotundo para acusar a la dirigencia política y económica de Argentina, a veces sin escatimar palabras fuertes. Nuestro país vive tres tristes lustros de una agudización de la corrupción casi sistémica. Los deshonestos administradores que empobrecieron el pleno goce de nuestros dones y posibilidades, conculcando el derecho a una vida mejor y esperanzadora, nos llevan hoy a una ruinosa realidad educativa, cultural, financiera, sin precedentes históricos desde la organización democrática y constitucional de 1853.

En varias obras de la autoría del presidente Duhalde, se nota esa autoridad que surge del conocimiento profundo de la materia. Con determinación se aboca a un tema que investigó y denunció, incluso con sus actitudes de honestidad política, en libros como *Humanidad o Megabarbarie*, o en el libro dedicado al utopista medieval Tomás Moro. El historiador Félix Luna ubica a Eduardo Duhalde junto a Hipólito Irigoyen y a Arturo Umberto Illia, como ejemplos del mayor respeto por la dignidad presidencial que les fue confiada.

Es inaudito en Argentina que un político que cumplió todos los cargos institucionales de su carrera, desde concejal hasta presidente, en su retiro activo, haya escrito este cuidadoso y reflexivo libro sobre *El Poder Moral*, casi señalando con este título la esencia de nuestros males actuales. No se trata solo de mediocridad e incapacidad de los dirigentes, sino de una decadencia espiritual que creció a lo largo del tiempo, como una pandemia de efecto desolador. Perdimos las defensas ante una enfermedad antigua agudizada en otras muchas partes del mundo, pero tratada en Argentina con lenidad, como un pecado venial, sin saber que quienes relativizan el deber de moralidad, en realidad, relativizan el delito consecuente. La corrupción crece con esa tolerancia que a veces se transforma hasta en admiración por la viveza nacional, la cual no es más que una hija bastarda de la inteligencia. Por momentos, al informarnos de algún delito, los argentinos no lo sienten como algo *vinculante*; nos parece anormal, pero no inmoral. La caída de valores en la modernidad de Occidente se agudiza en la periferia cultural y política a la que pertenecemos.

La moral y la ética surgen de lo religioso, las cosmovisiones y las filosofías; del derecho; y hasta del sentimiento de bien común patriótico. Cuando esos valores se nublan en amoralidad o en inmoralidad, la recuperación depende de la reconstrucción educativa. En todo caso, tenemos el ejemplo de Adenauer en la Alemania destrozada de 1945: ahora solo cabe el *Rearme Moral*. Ese fue el centro de la reconstrucción, y hasta del *Milagro Alemán*, afirmado en solo una década de esfuerzo nacional.

El Doctor Duhalde inaugura este libro particularmente importante para los argentinos, incluyendo las terribles páginas finales de René Favaloro, que se quitó la vida de un disparo al corazón el 29 de julio de 2000, al no poder vencer la múltiple corrupción que le impedía llevar adelante la Fundación que él presidía, asediada por no *acceder al sistema de coimas y retornos*, generalizado en organizaciones estatales como el PAMI, proveedores, sindicatos, obras de medicina social. Y lo más grave: su reclamo desoído sin respuesta por parte de la Presidencia de la Nación, e inclusive de los principales periódicos, entre otros factores.

A veinte años de la autoinmolación del gran médico humanista, el presidente Duhalde comprueba que ese sacrificio no nos ahorró el increíble auge de la corrupción en Argentina. Apenas un año después, se produjo el colapso del año 2001. Tal vez la indignación de

Eduardo Duhalde, en declaraciones ante el diario *El País* de España, sea un grito que serviría de prólogo a esta obra sobre el Poder Moral: "Somos una dirigencia ineficiente, en la cual me incluyo. Esto es lo que la gente piensa de la clase política".

Dos meses después de esta manifestación dramática, fue nombrado constitucionalmente Presidente de la Nación. Exigió el apoyo del Partido Radical, en virtual coalición con el expresidente Raúl Alfonsín, y supo pilotear la grave crisis hasta encaminar la normalización social y económica en breve tiempo. Su Gobierno fue decisivamente intenso; hasta ahora fue el mejor ejemplo desde la *restauración democrática* del presidente Alfonsín.

Este caso tiene viejos antecedentes en la cultura política ejercida por el Doctor Duhalde desde los orígenes mismos de su actividad pública, conocido como *El Modelo Lomas de Zamora.*

EL CASO EXTRAORDINARIO

Yuval Harari es un escritor e historiador israelí que ha vendido casi diez millones de libros en la última década, lo cual ha revolucionado el pensamiento contemporáneo. Sus obras han sido elogiadas por famosos hombres de negocios, como Bill Gates, desarrollador de Microsoft, y por Mark Zuckerberg, creador de Facebook, así como también por políticos de proyección mundial, como Barak Obama, Bill Clinton, Ángela Merkel, Emmanuel Macron, entre otros.

Explicó en sus principales *best sellers* (*Homo Deus, breve historia del mañana*, *De animales a dioses*, y *21 lecciones para el siglo* XXI) por qué el *Homo sapiens* se impuso en sus disputas sobre el hombre de Cromagnon y sobre el de Neandertales.

Concretamente, Harari sostiene que el éxito se basó en lo que llamó *cooperación flexible*. Los *Homo sapiens* se caracterizaron por crear historias, leyendas, códigos morales, religiones y por creer en ellos. Se unieron luego para defenderlos. Para demostrar su teoría, este profesor de la Universidad Hebrea de Jerusalén recorrió diversas disciplinas como la historia, la economía, la lingüística, la sociología, la conducta animal, la neurobiología y la psicología evolutiva. Sus conclusiones siempre llegan al mismo punto: la colaboración mutua entre los humanos fue la clave del éxito de las distintas sociedades, tanto antiguas como modernas.

UNIR A LOS ARGENTINOS

En nuestros días, el despliegue del individualismo y del presidencialismo extremo significan el fracaso de la política y sus protagonistas. Los liderazgos de este tipo carecen de grandeza y son más propios de las viejas autocracias que de las democracias modernas. En el otro extremo, la permanente búsqueda del acuerdo y del encuentro con el otro deberían ser los elementos indispensables para llegar a nuestros objetivos. Deberíamos desterrar por completo el concepto de que el otro es nuestro enemigo. A menudo, desde el egoísmo se pueden generar políticas relativamente exitosas, pero sin ideales. Esto se denomina *país*. Como contrapartida, los acuerdos basados en aspiraciones superiores nos garantizan la posibilidad de erigir una verdadera nación, con objetivos permanentes, con un destino común. Es formar parte de la *Casa Común* que es el anhelo de cualquier sociedad que busque el progreso y el bienestar.

El denominado *Modelo Lomas de Zamora* fue elaborado por el expresidente Eduardo Duhalde hace medio siglo, cuando condujo por primera vez la intendencia de esa enorme ciudad del sur del conurbano. Luego, pudo extrapolarlo también a la Gobernación de Buenos Aires, a la Presidencia de la Nación, e incluso a la titularidad del Mercosur. Aplicando esa forma de gobernar, se pudo superar uno de los problemas más complejos de nuestra historia: la crisis terminal de 2001. En medio del caos económico y social, en lugar de tomar solamente medidas unilaterales de emergencia, se apostó, hace veinte años, a la llamada *Mesa del Diálogo Argentino*, un espacio de concertación impulsado por el Programa de las Naciones Unidas para el Desarrollo (PNUD) y por la Iglesia Católica. En ese ámbito clave apareció el principio de la solución de la crisis junto al entonces cardenal de Buenos Aires Jorge Bergoglio, el expresidente Raúl Alfonsín, y el resto de la oposición política y de los sectores productivos.

La Mesa logró apaciguar los ánimos en búsqueda de consensos indispensables para apagar el incendio.

A tres semanas de haberse puesto en marcha, el papa Juan Pablo II apoyó el proceso, tras haber advertido el riesgo que corría la estabilidad democrática en Argentina. El sumo pontífice, de origen polaco, alentó a sus obispos a continuar con el compromiso asumido.

En pocos días, se celebró más de un centenar de reuniones que involucraron a unas 1700 personas de todos los ámbitos. Por entonces, Eduardo Duhalde, como Jefe de Estado señaló: "Mi Gobierno asume hoy la responsabilidad de conducir el diálogo y de reafirmar la unión nacional. El resultado de esta labor será el plan de acción de este nuevo momento de la Argentina". Pocos meses más tarde, Argentina volvía a la senda del crecimiento, la estabilidad y la prosperidad.

COGOBIERNO: UN MODELO SUPERADOR

Tanto el presidencialismo como el parlamentarismo han demostrado su agotamiento. Es momento de arribar a una síntesis: la colaboración. Actualmente, más de la mitad de los Gobiernos europeos están conformados por dos o más partidos. Es el tiempo del entendimiento. Quedan pocos espacios para los *lobos solitarios*. Son muchos los ejemplos exitosos que podríamos enumerar. Pero podríamos concentrarnos en dos de estos, surgidos de catástrofes sociales ocasionadas por las conflagraciones:

- **Alemania**, desde su organización como república federal en 1949, ha tenido ya 24 Gobiernos formados por integrantes de distintos signos partidarios. Los alemanes gobiernan gracias a coaliciones que tienen afinidad ideológica. Estos cogobiernos le han permitido a la República Federal superar los traumas de la posguerra y desarrollar las potencialidades de una nación reunificada que hoy lidera la Unión Europea desde el punto de vista económico y financiero.
- En **España**, por su parte, los pactos de la Moncloa permitieron la salida del franquismo y el ingreso a la senda del definitivo progreso.

Fueron protagonistas una serie de jefes partidarios que habían crecido con el dolor de una cruenta guerra civil, que arrojó casi un millón de muertos. Santiago Carrillo, mítico jefe del comunismo; Fraga Iribarne, un franquista talentoso; y el Rey Juan Carlos, un monarca que supo acompañar, culminaron con éxito los entendimientos. Hubo sueños de trascendencia. Existió la necesidad de superar la confrontación, una vez aprendido que esta era un camino sin salida.

APRENDER, CORREGIR Y CONSTRUIR UN FUTURO DISTINTO

El dogma de Eduardo Duhalde siempre fue "El ganador de una elección conduce, y los otros partidos integran un cogobierno". Para ello, el expresidente cedió espacios propios en posiciones ministeriales, en las estructuras burocráticas y, sobre todo, en los entes de contralor para que fueran sus ex rivales quienes pudieran auscultar de manera diaria la gestión ejecutiva.

No puede ser que el enfrentamiento sea el elemento que reafirme nuestra identidad. Es impensable que nos identifiquemos por lo que odiamos, y no por lo que amamos. Gobernar con todos es la mejor forma de lograr los objetivos. Esto vale tanto para tiempos difíciles como para las situaciones plácidas. Seamos capaces de salir de la lógica binaria, y demostremos amplitud y grandeza. Ya demostramos en el pasado reciente que podemos ser exitosos si superamos los antagonismos.

Hace casi 50 años, un argentino de acendrada fe republicana y democrática vislumbró que el camino era uno solo: entendernos entre todos los que tenemos responsabilidad de brindarle al pueblo argentino una solución a los graves problemas que lo atormentan... un caso extraordinario de gestión política. Y Eduardo Duhalde fue ese hombre. Este caso extraordinario se ancla en esta desafiante obra.

El Poder Moral es el resultado de una larga impaciencia ante el injustificable fracaso argentino. Seguimos siendo el granero productor de cosechas que alimentarían a quinientos millones de personas y, a la vez, tenemos niños desnutridos, dieciocho millones de pobres y marginales, y la pérdida de dos décadas del instrumento básico, la educación óptima, que supimos mantener desde la grandeza de Sarmiento hasta la actual crisis. Eduardo Duhalde analiza, con el conocimiento de toda una vida en el servicio público, todos los caminos de la corrupción, ya sea política o empresarial, y señala métodos prácticos de control y de erradicación. Su libro es un verdadero breviario para nuestra reconstrucción ética y moral. Será una indispensable orientación para nuestra dirigencia política, en la cual la moralina barata de practicar cualquier medio para todos los objetivos es lo común y corriente.

Desde el comienzo de esta obra bien pensada y sintetizada, embiste contra el maquiavelismo fácil de la politiquería: *El poder entendido en clave Maquiavelo sembró entre nosotros casi un culto de la eficacia en detrimento de valores y dignidad en la contienda política.* Señala las sociedades líquidas de Zygmunt Bauman como el resultado de un vaciamiento ético generalizado en esta modernidad con avance tecnológico admirable y con pobreza política y moral. Los argentinos estamos incluidos en esta decadencia: basta comprobar nuestra caída educativa, económica, social y cultural en general.

Duhalde se centra en la realidad argentina, pero la ubica en una visión analítica de "los problemas morales del siglo XXI", con capítulos que nos ilustran desde la situación latinoamericana hasta el fin de las grandes políticas ideológicas, ya sean del capitalismo o de los socialismos. Un libro admirable que debería ser de lectura obligatoria para nuestros políticos.

Abel Posse

INTRODUCCIÓN

¿POR QUÉ FAVALORO?

En el mes de marzo de 2013, publiqué una columna de opinión en el diario *Clarín*: “El Gobierno debe despejar sospechas de cleptocracia”. En este escrito volví sobre un tema recurrente de mi prédica de los últimos 30 años: la crisis moral que atraviesa la sociedad mundial. En ese caso, me refería a las acusaciones de corrupción que alcanzaban a destacadas figuras del Gobierno argentino. En esta columna señalé que “las máximas autoridades tienen la obligación de despejar las sospechas en las que involucran a la dirigencia oficial en su conjunto. Si no lo hicieren, abrirán la puerta que conduce al juicio político, tal como lo establece nuestra Constitución Nacional”.

Allí subrayé también que “lo malo es la impunidad, el hecho de que la gente vea que las leyes están hechas para saltárselas y eso es lo desmoralizador [...]. Cuando las instituciones se debilitan y no existen controles institucionales, los gobiernos cleptócratas cooptan funcionarios, legisladores y sectores económicos privados que generan monopolios, privilegios estatales, impuestos transferidos a grupos de interés, inflación, confiscaciones arbitrarias, fraude e inseguridad jurídica”.

Tal vez, a esta altura de la lectura, te preguntes por qué elegí poner en la tapa de mi libro el rostro del Doctor René Favaloro como modelo del Poder Moral en la Argentina, teniendo, en mi larga lista, nombres como el Papa Francisco, Margarita Barrientos (fundadora del comedor social Los Piletones), Adolfo Pérez Esquivel (Premio Nobel de la Paz 1980 por su defensa de los Derechos Humanos en América Latina)... Y así podría agregar a decenas de argentinos anónimos que son ejemplo de una conducta moral. La respuesta es sencilla: porque, en su plena convicción de no tranzar con una "sociedad corrupta" —según sus palabras—, decidió entregar su vida.

El impacto de la corrupción es muy fuerte, no tan solo por sus costos económicos (que son cuantiosos), sino también por el efecto desmoralizador que ejerce en el conjunto de los pueblos y por la pérdida de confianza en las instituciones de la democracia. En la nota publicada en *Clarín*, señalé al respecto: "Treinta años de vida democrática ininterrumpida es el mejor cimiento para no resignarnos a la decadencia, con su consecuente desprecio por la práctica política y por la pérdida de confianza en la vida común". Y volví sobre un concepto que enuncié en 1989 al presentar un proyecto para la creación de un Consejo para la Moralización de las Actividades Estatales: el Estado se ha convertido en un ámbito de ilicitud, y ello atenta contra las bases mismas del sistema democrático.

En diciembre de 2015, Mauricio Macri se convirtió en el primer presidente de la historia argentina en asumir el cargo con varias causas, y sumó seis más en sus primeros quince meses como presidente. Y esto es solo un ejemplo: existe una multitud de funcionarios de los Gobiernos de Néstor Kichner y de Cristina Fernández de Kirchner (incluyéndola a ella misma y a sus hijos) que están siendo procesados por una variopinta colección de delitos. Algunos de ellos han sido condenados. Y otros transcurren su enjuiciamiento en libertad. A este panorama debemos sumarle el de los empresarios, intermediadores y *personalidades influyentes* que aparecen como partícipes necesarios en los delitos de los que se acusa a los funcionarios.

Hoy vemos que el fenómeno se ha agigantado con el crecimiento paralelo de las actividades del crimen organizado; como mancha venenosa ha ido penetrando en las organizaciones políticas y en la vida económica y empresarial de nuestros países.

Las consecuencias de la crisis moral de estos tiempos se esparcen por todas las instancias de la sociedad. Se ha "normalizado" el delito, desde el más pequeño (como *coimear* a un policía para evitar una multa por una infracción de tránsito) hasta ver bien a los funcionarios que "roban, pero hacen". En muchísimos países de América Latina, las autoridades gubernamentales, legislativas y judiciales de los municipios dependen de los señores del crimen organizado, y los habitantes de esos pueblos y ciudades consideran el vínculo con los mismos sellos como una oportunidad para el mejoramiento de sus condiciones de vida.

La frecuencia y exposición pública de estas prácticas (funcionarios que muy sueltos de cuerpo confiesan que se han saltado normativas, que exhiben obscenamente bienes cuyo origen no pueden justificar; amenazas desembozadas (cuando no la muerte) a quienes denuncian o pretenden investigar), que claramente deterioran la convivencia democrática y llegan en muchos casos a cuestionar la gobernanza, ha hecho que se "normalizaran", y pasaran a ser parte del paisaje cotidiano de la política.

En este punto, es necesario ser terminante; en la medida en que no se aplique la legislación existente y se aprueben nuevas leyes que repriman las novedosas formas que adopta hoy la corrupción, todo intento de cambiar el actual estado de cosas será inútil, y los proyectos y promesas de construir una realidad mejor, pura charlatanería.

En otro orden de cosas, el gran cambio cultural, el paso de una sociedad del trabajo a otra del consumo, de una sociedad del esfuerzo a otra del hedonismo ha traído consigo otras consecuencias no menos dramáticas: la drogadependencia, por ejemplo, en el terreno de la salud; las grandes migraciones de masas que huyen de sus países atrasados hacia otros avanzados, en busca de un mínimo bienestar que difícilmente encuentren; el hecho de que más de la mitad de la población mundial viva en la pobreza; y (tal vez el factor más determinante de esta realidad) la inmensa concentración de la riqueza, fruto de una inequidad distributiva que nunca antes la humanidad había padecido.

En el terreno político, estamos atravesando un período de desilusión, de frustración. Las instituciones de la democracia padecen la desconfianza de los pueblos, que ven crecer la inequidad, la pobreza, la exclusión, a la par que los casos de corrupción sacuden a las sociedades. Quienes ayer conquistaban la voluntad popular hoy están condenados o enjuiciados, y muchos, encarcelados. Podríamos hablar de una verdadera cultura del desencanto.

Vuelvo, pues, en este libro a reflexionar sobre este fenómeno y a adelantar algunas propuestas destinadas a recuperar el sentido ético en la administración del Estado y en las prácticas de la sociedad civil.

La reversión del proceso de decadencia moral es una labor cultural integral, que involucra la educación, la labor del legislador, y crea las bases jurídicas necesarias, el accionar de la Justicia de modo transparente, para recuperar la confianza de la sociedad y la creación de mecanismos eficientes de control de las actividades gubernamentales.

En fin, veo una luz que resplandece en el accionar de las nuevas generaciones, que preanuncia una nueva cultura fundada en valores, el fin de un capitalismo fundado en la especulación financiera, y no en la creación productiva. La humanidad ha comenzado a caminar hacia el final de un sistema que se basa en el consumo y en el hedonismo.

Es necesario que comencemos a avanzar hacia un nuevo capitalismo, de amplia base popular, en el que el Estado tenga un rol activo en la defensa de los intereses de los más débiles y de los sectores estratégicos de la actividad de la Nación.

Tal es mi optimismo, aun en momentos en que la corrupción está en el centro del escenario mundial y ocupa nuestra atención. ¿Serán las últimas escenas apocalípticas de esta profunda crisis moral que desde hace décadas padecemos?

Dr. Eduardo Alberto Duhalde

EL EJEMPLO DE FAVALORO

El doctor René Favaloro ha sido, tal vez, la mayor eminencia médica argentina del siglo pasado. Así se lo conoce en el país y en el mundo. Pero no sucede lo mismo con la defensa de los valores éticos, la cual fue el eje trascedente de su vida.

Favaloro no hizo de sus brillantes dotes de cirujano e investigador un factor de lucimiento personal o de enriquecimiento material. La labor profesional fue para él, y así lo destacó permanentemente, su compromiso moral con el país y con el pueblo.

El escrito que anuncia su muerte y que es un testamento de su integridad ética —que reproduzco íntegramente en el apéndice de este libro— comienza así: "Si se lee mi carta de renuncia a la Cleveland Clinic, está claro que mi regreso a la Argentina (después de haber alcanzado un lugar destacado en la cirugía cardiovascular) se debió a mi eterno compromiso con mi patria. Nunca perdí mis raíces". En este escrito da clara muestra del funcionamiento de la medicina privada en el país y de que esta fue la causa de su decisión de quitarse la vida, impotente en su lucha contra la corrupción del sistema.

Al referirse al funcionamiento de su Fundación, escribió: "La calidad de nuestro trabajo basado en la tecnología incorporada, más la tarea de los profesionales seleccionados, hizo que no nos faltara trabajo, pero debimos luchar continuamente con la corrupción imperante en la medicina (parte de la tremenda corrupción que ha contaminado a nuestro país en todos los niveles sin límites de ninguna naturaleza). Nos hemos negado sistemáticamente a quebrar los lineamientos éticos; como consecuencia, jamás dimos un solo peso de retorno. Así, las obras sociales de envergadura no mandaron ni mandan sus pacientes al Instituto".

Eran los años ochenta del siglo pasado cuando el nombre de Favaloro y su Fundación eran sinónimo de la mejor práctica médica argentina. Eran los años en que la pérdida de los valores que regían la vida política y social de la Argentina se hacía cada vez más palpable y visible. Favaloro lo escribió con todas las letras: "Es indudable que ser honesto en esta sociedad corrupta tiene su precio. A la corta o a la larga, te lo hacen pagar".

En mi experiencia como intendente de Lomas de Zamora, comencé a ver la necesidad de establecer normas que impidieran el avance y ejercicio de prácticas corruptas en las instituciones públicas. Luego, como legislador, en 1988, el entrelazado de la corrupción en sectores públicos y privados me llevó a plantear que la pérdida de los valores en la política y administración del Estado era fruto de esa misma pérdida en el seno de toda la sociedad. Presenté un proyecto de ley para la moralización de las actividades públicas y privadas, que nunca tuvo acogida en la Cámara de Diputados ni en la de Senadores. Como bien señaló el gran Favaloro: "Quizá el pecado capital que he cometido, aquí en mi país, fue expresar siempre en voz alta mis sentimientos, mis críticas, insisto, en esta sociedad del privilegio, donde unos pocos gozan hasta el hartazgo, mientras la mayoría vive en la miseria y en la desesperación. Todo esto no se perdona; por el contrario, se castiga".

EN RECUERDO DEL DOCTOR RENÉ FAVALORO

El 29 de junio del 2000, el doctor René Favaloro dejó una extensa carta dirigida al Juez antes de suicidarse. En esta explicó las razones de su drástica determinación: no quería salvar a su Fundación a costa de aceptar y otorgar sobornos de ninguna especie. A continuación, transcribo el texto completo:

Del Dr. René Favaloro. Julio, 29-2000, 14.30 h.

Si se lee mi carta de renuncia a la Cleveland Clinic, está claro que mi regreso a la Argentina (después de haber alcanzado un lugar destacado en la cirugía cardiovascular) se debió a mi eterno compromiso con mi patria. Nunca perdí mis raíces. Volví para trabajar en docencia, investigación y asistencia médica. La primera etapa en el Sanatorio Güemes demostró que inmediatamente organizamos la residencia en cardiología y cirugía cardiovascular, además de los cursos de posgrado a todos los niveles. Le dimos importancia también a la investigación clínica, en donde participaron la mayoría de los miembros de nuestro grupo.

En lo asistencial, exigimos de entrada un número de camas para los indigentes. Así, cientos de pacientes fueron operados sin cargo alguno.

En lo asistencial, exigimos de entrada un número de camas para los indigentes. Así, cientos de pacientes fueron operados sin cargo alguno. La mayoría de nuestros pacientes provenían de las obras sociales. El sanatorio tenía contrato con las más importantes de aquel entonces.

La relación con el sanatorio fue muy clara: los honorarios, provinieran de donde provinieren, eran de nosotros; la internación, del sanatorio (sin duda, la mayor tajada). Nosotros, con los honorarios, pagábamos las residencias y a las secretarias, y nuestras entradas se distribuían entre los médicos proporcionalmente. Nunca permití que se tocara un solo peso de los que no nos correspondía.

A pesar de que los directores aseguraban que no había retornos, yo sabía que sí los había. De vez en cuando, a pedido de su director, saludaba a los sindicalistas de turno, que agradecían nuestro trabajo. Este era nuestro único contacto.

A mediados de la década del setenta, comenzamos a organizar la Fundación. Primero, con la ayuda de la SEDRA, creamos el departamento de investigación básica, que tanta satisfacción nos ha dado, y luego la construcción del Instituto de Cardiología y Cirugía Cardiovascular. Cuando entró en funciones, redacté los 10 mandamientos que debían sostenerse a rajatabla, basados en el lineamiento ético que siempre me ha acompañado. La calidad de nuestro trabajo, basado en la tecnología incorporada más la tarea de los profesionales seleccionados, hizo que no nos faltara trabajo, pero debimos luchar continuamente con la corrupción imperante en la medicina (parte de la tremenda corrupción que ha contaminado a nuestro país en todos los niveles, sin límites de ninguna naturaleza). Nos hemos negado sistemáticamente a quebrar los lineamientos éticos; como consecuencia, jamás

Debimos luchar continuamente con la corrupción imperante en la medicina (parte de la tremenda corrupción que ha contaminado a nuestro país en todos los niveles, sin límites de ninguna naturaleza).

dimos un solo peso de retorno. Así, obras sociales de envergadura no mandaron (ni mandan) sus pacientes al Instituto. ¡Lo que tendría que narrar de las innumerables entrevistas con los sindicalistas de turno! Manga de corruptos que viven a costa de los obreros y coimean, fundamentalmente, con el dinero de las obras sociales que corresponde a la atención médica.

Manga de corruptos que viven a costa de los obreros y coimean, fundamentalmente, con el dinero de las obras sociales que corresponde a la atención médica.

Lo mismo ocurre con el PAMI. Esto lo pueden certificar los médicos de mi país que, para sobrevivir, deben aceptar participar del sistema implementado a lo largo y ancho de todo el país. Valga un solo ejemplo: el PAMI tiene una vieja deuda con nosotros (creo que desde 1994 o desde 1995) de 1.900.000 pesos; la hubiéramos cobrado en 48 horas si hubiéramos aceptado los retornos que se nos pedían (como es lógico, no a mí directamente).

Si hubiéramos aceptado las condiciones imperantes por la corrupción del sistema (que se ha ido incrementando en estos últimos años), deberíamos tener 100 camas más. No daríamos abasto para atender toda la demanda.

El que quiera negar que todo esto es cierto que acepte que rija en la Argentina el principio fundamental de la libre elección del médico, que terminaría con los acomodados de turno. Lo mismo ocurre con los pacientes privados (incluyendo los de la medicina prepaga): el médico que envía a estos pacientes por el famoso ana-ana espera recibir una jugosa participación del cirujano.

Desde hace muchísimos años escucho aquello de que Favaloro no opera más. ¿De dónde proviene este infundio? Muy simple: el paciente es estudiado. Conclusión: su cardiólogo le dice que debe ser operado. El paciente acepta y expresa sus deseos de que yo lo opere. "¿Pero cómo?, ¿usted no sabe que Favaloro no opera desde hace tiempo? Yo le voy a recomendar un cirujano de real valor: no se preocupe". El cirujano "de real valor", además de su capacidad profesional, retornará al cardiólogo mandante un 50% de los honorarios.

Varios de esos pacientes han venido a mi consulta, no obstante las "indicaciones" de su cardiólogo. "Doctor, ¿usted sigue operando?", preguntan, y una vez más debo explicar que sí, que lo sigo haciendo con el mismo entusiasmo y responsabilidad de siempre.

Muchos de estos cardiólogos son de prestigio nacional e internacional. Concurren a los Congresos del American College o de la American Heart y, entonces sí, allí me brindan toda clase de felicitaciones y abrazos cada vez que debo exponer alguna lectura de significación. Así ocurrió en el caso de la lectura de Paul D. White en Dallas: decenas de cardiólogos argentinos me abrazaron (algunos con lágrimas en los ojos). Pero aquí vuelven a insertarse en el "sistema", y el dinero es lo que más les interesa.

La corrupción ha alcanzado niveles que nunca pensé presenciar.

La corrupción ha alcanzado niveles que nunca pensé presenciar. Instituciones de prestigio como el Instituto Cardiovascular Buenos Aires, con excelentes profesionales médicos, envían empleados bien entrenados que visitan a los médicos cardiólogos en sus consultorios. Allí les explican en detalle los mecanismos del retorno y los porcentajes que recibirán no solamente por la cirugía, los métodos de diagnóstico no invasivo (Holter, eco, cámara, etc., etc.): los cateterismos, las angioplastías, etc., etc., están incluidos. No es la única institución. Médicos de la Fundación me han mostrado las hojas que les dejan con todo muy bien explicado. Llegado el caso, una vez operado el paciente, el mismo personal entrenado visitará nuevamente al cardiólogo, y explicará en detalle la "operación económica", y entregará el sobre correspondiente.

La situación actual de la Fundación es desesperante: millones de pesos a cobrar por tareas realizadas, incluyendo pacientes de alto riesgo que no podemos rechazar.

La situación actual de la Fundación es desesperante: millones de pesos a cobrar por tareas realizadas, incluyendo pacientes de alto riesgo que no podemos rechazar. Es fácil decir: "No hay camas disponibles". Nuestro juramento médico lo impide.

Estos pacientes demandan un alto costo raramente reconocido por las obras sociales. A ello se le agregan deudas por todos lados: las que corresponden a la construcción y equipamiento del ICYCC, los proveedores, la DGI, los bancos, los médicos con retraso de varios meses. Todos nuestros proyectos tambalean y cada vez más todo se complica. En Estados Unidos, las grandes instituciones médicas pueden realizar su tarea asistencial, la docencia y la investigación por las donaciones que reciben.

Las cinco facultades médicas más trascendentes reciben más de 100 millones de dólares cada una. Aquí, ni soñando. Realicé gestiones en el BID, que nos ayudó en la etapa inicial y luego publicitó, en varias de sus publicaciones, a nuestro instituto como uno de sus logros. Envié cuatro cartas a Enrique Iglesias, solicitando ayuda (¡tiran tanto dinero por la borda en esta Latinoamérica!). Todavía estoy esperando alguna respuesta. Maneja miles de millones de dólares pero, para una institución que ha entrenado centenares de médicos desparramados por nuestro país y por toda Latinoamérica, no hay respuesta. ¿Cómo se mide el valor social de nuestra tarea docente?

Es indudable que ser honesto en esta sociedad corrupta tiene su precio. A la corta o a la larga, te lo hacen pagar.

La mayoría del tiempo me siento solo. En aquella carta de renuncia a la C. Clinic, le decía al Dr. Effen que sabía de antemano que iba a tener que luchar y le recordaba que Don Quijote era español.

Sin duda, la lucha ha sido muy desigual. El proyecto de la Fundación tambalea, y empieza a resquebrajarse. Hemos tenido varias reuniones. Mis colaboradores más cercanos, algunos de ellos compañeros de lucha desde nuestro recordado Colegio Nacional de La Plata, me aconsejan que, para salvar a la Fundación, debemos incorporarnos al "sistema".

Sí al retorno, sí al ana-ana. "Pondremos gente a organizar todo". "Hay 'especialistas' que saben cómo hacerlo". "Debés dar un paso al costado. Aclararemos que vos no sabés nada, que no estás enterado". "Debés comprenderlo si querés salvar a la Fundación".

Me aconsejan que, para salvar a la Fundación, debemos incorporarnos al "sistema".

¿¡Quién va a creer que yo no estoy enterado!?

En este momento y a esta edad, terminar con los principios éticos que recibí de mis padres, mis maestros y profesores me resulta extremadamente difícil. No puedo cambiar: prefiero desaparecer.

Joaquín V. González escribió la lección de optimismo que se nos entregaba al recibirnos: "A mí no me ha derrotado nadie". Yo no puedo decir lo mismo. A mí me ha derrotado esta sociedad corrupta que todo lo controla. Estoy cansado de recibir homenajes y elogios a nivel internacional. Hace pocos días fui incluido en el grupo selecto de las leyendas del milenio en cirugía cardiovascular. El año pasado debí participar en varios países, desde Suecia hasta la India, escuchando siempre lo mismo: "¡La leyenda, la leyenda!".

Quizá el pecado capital que he cometido aquí en mi país fue expresar siempre en voz alta mis sentimientos, mis críticas, insisto, en esta sociedad del privilegio, donde unos pocos gozan hasta el hartazgo, mientras la mayoría vive en la miseria y en la desesperación. Todo esto no se perdona; por el contrario, se castiga.

Me consuela el haber atendido a mis pacientes sin distinción de ninguna naturaleza. Mis colaboradores saben de mi inclinación por los pobres, que viene de mis lejanos años en Jacinto Arauz. Estoy cansado de luchar y luchar, galopando contra el viento, como decía Don Ata.

Me consuela el haber atendido a mis pacientes sin distinción de ninguna naturaleza.

No puedo cambiar. No ha sido una decisión fácil, pero sí meditada.

Que no se hable de debilidad o de valentía.

El cirujano vive con la muerte: es su compañera inseparable; con ella me voy de la mano. Solo espero que no se haga de este acto una comedia. Al periodismo le pido que tenga un poco de piedad. Estoy tranquilo. Alguna vez, en un acto académico en USA, se me presentó como un hombre bueno que sigue siendo un médico rural. Perdónenme pero, creo, es cierto. Espero que me recuerden así.

En estos días he mandado cartas desesperadas a entidades nacionales y provinciales, a empresarios, sin recibir respuesta. En la Fundación ha comenzado a actuar un comité de crisis con asesoramiento externo. Ayer empezaron a producirse las primeras cesantías. Algunos pocos han sido colaboradores fieles y dedicados. El lunes no podría dar la cara.

A mi familia, en particular a mis queridos sobrinos, a mis colaboradores, a mis amigos: recuerden que llegué a los 77 años. No aflojen: tienen la obligación de seguir luchando por lo menos hasta alcanzar la misma edad, que no es poco.

Una vez más reitero la obligación de cremarme inmediatamente sin perder tiempo y tirar mis cenizas en los montes cercanos a Jacinto Arauz, allá en La Pampa. Queda terminantemente prohibido realizar ceremonias religiosas o civiles.

Un abrazo a todos.

René Favaloro

Capítulo 1

Un pueblo pervertido puede alcanzar la libertad, pero muy pronto volverá a perderla. Su esfuerzo habrá sido en vano. Son las buenas costumbres las columnas de las leyes, y no la fuerza, lo que lo mantendrá en pie.

(Simón Bolívar en el Congreso de Angostura, 1819)

¿QUÉ ES EL PODER MORAL?

A lo largo de la historia, los grandes movimientos sociales surgieron y se desarrollaron a partir de la necesidad de dar respuesta a las crisis de valores que padecía la humanidad, o una parte de esta. Este es un rasgo común fácil de advertir en el origen de las grandes renovaciones espirituales, como es el caso de las religiones monoteístas; de las transformaciones socioeconómicas más significativas, como la Revolución industrial, por citar un ejemplo; o de los cambios políticos e institucionales de gran magnitud, entre los que se podrían mencionar la Revolución francesa y los procesos de independencia de nuestra América.

El mundo está atravesando una verdadera crisis moral, cuyas múltiples expresiones van desde lo personal y familiar hasta también y, principalmente, lo social, político e institucional.

Actualmente, no son pocas las voces que se alzan para sostener que el mundo está atravesando una verdadera crisis moral, cuyas múltiples expresiones van desde lo personal y familiar hasta también y, principalmente, lo social, político e institucional. Si nos detenemos en estos últimos aspectos, hace tiempo que observamos, en buena parte del mundo, una crisis de valores que se manifiesta en reiterados (y muy sonados) casos de corrupción, que llevan, a parte considerable de la población, al escepticismo, y hasta al descreimiento en la política, a una menor participación ciudadana y, con todo ello, a una merma en la calidad democrática de la vida institucional.

PODER MORAL VERSUS MAQUIAVELISMO

Si bien son muchos los que sostienen que a los políticos se los debe juzgar por los resultados (lo que incluso ha llegado a pergeñar esa cínica frase de "Roba, pero hace"), lo cierto es que esos resultados jamás serán buenos si la acción política no está guiada y sustentada por principios éticos. El político que desarrolla su actividad con el único objetivo de acaparar poder, para enriquecerse o con fines egoístas, no puede servir, leal y eficazmente, a la comunidad.

El político que desarrolla su actividad con el único objetivo de acaparar poder, para enriquecerse o con fines egoístas, no puede servir, leal y eficazmente, a la comunidad.

La idea de una "eficacia" desvinculada de los valores morales tuvo como su principal expositor a Nicolás Maquiavelo (1469-1527), como es bien sabido. El político y diplomático florentino vivió en el convulsionado período en que Italia, dividida en distintos Estados, padecía interminables guerras internas e invasiones de potencias externas. En ese contexto, la obsesión de Maquiavelo era hallar a quien lograse la unidad e independencia de la península o, más precisamente, a un líder capaz de acaudillar a los italianos tras ese objetivo, e imponerlo por la fuerza. A ese fin dedicó su obra más conocida, *El Príncipe*, y sus afanes como funcionario y diplomático.

A su entender, el único desvelo de un gobernante debía ser el de buscar y retener el poder, para así conseguir el beneficio de su Estado, proclamando que las consideraciones éticas eran inútiles para estas metas. En su concepción, el político debía disciplinar al conjunto de los hombres. Para ello, era necesario conseguir prestigio y autoridad mediante el uso de la fuerza. De aquí surge su célebre disquisición sobre si es mejor ser amado que temido, y su respuesta de que “como resulta difícil combinar ambas cosas, es mucho más seguro ser temido que amado”.

Para Maquiavelo, cuando un gobernante considera que su fidelidad a las promesas que ha hecho puede disminuir su poder, debe romper los pactos con otros Gobiernos o con el propio pueblo.

Para Maquiavelo, cuando un gobernante considera que su fidelidad a las promesas que ha hecho puede disminuir su poder, debe romper los pactos con otros Gobiernos o con el propio pueblo. El poder, entendido en clave maquiavélica, hizo un culto a la “eficacia” en detrimento de los valores de contenido humanístico al impulsar una mentalidad tecnocrática, absorbente y superficial.

Si bien a lo largo de la historia Maquiavelo ha tenido célebres lectores (baste citar al cardenal Richelieu, a Napoleón Bonaparte o al canciller alemán Otto von Bismarck), la propia experiencia del autor de *El Príncipe* y de la Italia de su tiempo muestra que esa supuesta “eficacia” ajena a la ética no conduce a éxito duradero alguno. Pese a sus afanes, ni Maquiavelo ni los príncipes en quienes depositó sus expectativas lograron la unificación italiana ni pudieron evitar la injerencia extranjera en sus asuntos. Fueron necesarios otros idearios, otros proyectos y otra visión de la política y del futuro para que, más de tres siglos después, surgiese una Italia unida e independiente. Es esta una lección de la que convendría que la tuvieran presente quienes insisten en distintas variantes del maquiavelismo en nuestros días.

EL PACTO Y EL CONSENSO VERSUS LA FUERZA Y LA IMPOSICIÓN

Si reflexionamos con algún detenimiento, veremos que las ideas y propuestas de Maquiavelo ya eran viejas, anticuadas, al momento de ser formuladas. Estaban apegadas a una noción de la política que, lejos de estar a la altura de sus tiempos, expresaba la época que estaba quedando atrás, la Edad Media europea, con sus guerras interminables entre señores feudales. La imposición y la fuerza estaban en el centro de su razonamiento, como lo característico del poder político. Por el contrario, todo el pensamiento doctrinario elaborado a partir de la Modernidad, que estaba dando entonces sus primeros pasos, se basaría en las ideas de pacto y de consenso. A Maquiavelo, para decirlo en términos actuales, le faltó una visión prospectiva de la realidad; no supo ver los escenarios que se avecinaban en el horizonte.

La imposición y la fuerza estaban en el centro de su razonamiento, como lo característico del poder político. Por el contrario, todo el pensamiento doctrinario elaborado a partir de la Modernidad, que estaba dando entonces sus primeros pasos, se basaría en las ideas de pacto y de consenso.

Las teorías políticas modernas han reconocido, en ciertos consensos básicos, el fundamento de la convivencia social y la conformación del poder en los Estados. En sus inicios, estas nociones se formularon como la existencia de un pacto implícito entre los miembros de la comunidad. Esta noción la encontramos, con diversos enfoques y alcances, en la obra de teólogos, como el padre jesuita español Francisco Suárez (1548-1617); en la de los iniciadores del Derecho Internacional, como el jurista holandés Hugo Grocio (1583-1645); y en la de los precursores del pensamiento liberal, como John Locke (1632-1704) y Juan Jacobo Rousseau (1712-1778). De un modo u otro, más allá de sus diferentes planteos, esas ideas influyeron fuertemente en la creación de las democracias modernas, tanto en el modelo de monarquía parlamentaria (establecido por primera vez en Inglaterra a fines del siglo XVII o en el de las repúblicas presidencialistas, cuyo primer ejemplo se constituyó en los Estados Unidos unos cien años después) como en la Declaración de los Derechos del Hombre y del Ciudadano de la Revolución francesa de 1789.

Todo el constitucionalismo moderno, y basta leer el Preámbulo de la Constitución de la Nación Argentina para comprobarlo, está cimentado en esa idea de la construcción del Estado y su estructura institucional a partir de un acuerdo o consenso entre los ciudadanos que lo integran.

Todo el constitucionalismo moderno, y basta leer el Preámbulo de la Constitución de la Nación Argentina para comprobarlo, está cimentado en esa idea de la construcción del Estado y su estructura institucional a partir de un acuerdo o consenso entre los ciudadanos que lo integran.

Si bien, como modelos de prácticas políticas, tanto el parlamentarismo como el presidencialismo muestran claros signos de agotamiento y requieren su superación a través del cogobierno, como veremos más adelante, sigue vigente la noción básica de su origen, es decir, el concepto de que la vida social y política se basa en la construcción de consensos, en acuerdos que deben ser respetados. Ese consenso, a su vez, tiene por fundamento un principio moral, jurídico y político ineludible: los pactos deben cumplirse. Solo con ese compromiso son posibles la convivencia en sociedad y la gobernanza.

UN ANTECEDENTE LATINOAMERICANO

Ese principio de respeto a los consensos y a los compromisos, y la necesidad de velar por su cumplimiento son los cimientos de la propuesta del Poder Moral. No se trata de una cuestión novedosa, ni mucho menos en nuestro continente. Hace casi dos siglos, ese gran patriota americano que fue Simón Bolívar propuso la creación del Poder Moral como institución destinada a la formación ciudadana y a asegurar que el acceso a los cargos públicos y su ejercicio estuviesen vedados a quienes careciesen de principios éticos. Su propuesta, formulada al Congreso de Angostura, de que en 1819 iba a organizar constitucionalmente a los pueblos por él libertados, tomaba en consideración la experiencia histórica: "Por el engaño se nos ha dominado más que por la fuerza; y por el vicio se nos ha degradado más bien que por la superstición". Y, con prospectiva de estadista, agregaba apuntando al porvenir: "Sin moral republicana, no puede haber Gobierno libre. Para afirmar esta moral, he inventado un cuarto poder que críe a los hombres en la virtud y los mantenga en esta".

Si en la Argentina contamos con la capacidad intelectual, con los recursos naturales, con todas las circunstancias para crecer y desarrollarnos, ¿qué nos está faltando? Posiblemente, la respuesta sea esta: una verdadera revolución moral.

Sería bueno detenernos en nuestro país a reflexionar sobre esas palabras. Si en la Argentina contamos con la capacidad intelectual, con los recursos naturales, con todas las circunstancias para crecer y desarrollarnos, ¿qué nos está faltando? Posiblemente, la respuesta sea esta: una verdadera revolución moral.

UNA PROPUESTA DE CARA AL FUTURO

La sociedad argentina ha sufrido, y sufre, casos de corrupción, de los que, lamentablemente, no está exenta ninguna sociedad. Pero, como sucede en general con el delito, la inacción o la falta de medidas adecuadas para prevenirlo, sancionar a sus autores e impedir su reiteración, con el paso del tiempo, ha llevado a que la corrupción se haya transformado en un fenómeno casi estructural.

Con mucho pesar, observamos que, en las últimas generaciones, hemos perdido lo que hizo grande a la Argentina: los valores del trabajo, de la honestidad, de la familia, de la solidaridad. Una pérdida que nos ha llevado a muchos desencuentros sociales. Para evitar que estos se sigan ahondando, es hora de que desarrollemos en nuestro país un Poder Moral, para retomar la expresión de Simón Bolívar, que nos permita construir una sociedad más equilibrada, democrática y republicana. Este es un convencimiento que extraigo de la experiencia y de la reflexión desde hace bastante tiempo. En *Humanización o Megabarbarie* (mi libro de 2011), dediqué muchas páginas a tratar y reflexionar sobre el Poder Moral. Y todo lo acontecido desde entonces no ha hecho más que reforzar esa convicción y, en especial, la necesidad de hallar las vías para su realización.

El tiempo transcurrido desde entonces ha permitido enriquecer, con otras experiencias, los mecanismos disponibles para ir concretando en la práctica el Poder Moral. Así, seguramente, será necesario que, de aquí en adelante, incorporemos las normas de transparencia internacional, como lo hacen muchos Gobiernos del mundo.

El Poder Moral debería abarcar a toda la política y sociedad argentina. Con demasiada frecuencia, los argentinos hemos convivido con hechos de corrupción o con manejos financieros de dudosa índole y, en general, con actitudes y procedimientos de poca transparencia. Es necesario revertir esa "naturalización" de conductas

Es necesario revertir esa "naturalización" de conductas que, más temprano que tarde, socavan los cimientos del edificio institucional y de la vida en comunidad.

que, más temprano que tarde, socavan los cimientos del edificio institucional y de la vida en comunidad.

En síntesis, el Poder Moral es el contralor ético de la acción de los gobernantes. El funcionario público debe ser un punto de referencia moral para el país en cuanto al rigor de su propia conducta y al rigor que asume frente a cualquier desviación de sus subalternos. No basta moverse dentro de la legalidad y de la Constitución: el gobernante también debe respetar las normas éticas que rigen a su propia sociedad.

Capítulo 2

Puedes engañar a todo el mundo algún tiempo. Puedes engañar a algunos todo el tiempo. Pero no puedes engañar a todo el mundo todo el tiempo.

(Abraham Lincoln)

LAS SOCIEDADES "LÍQUIDAS" Y LOS VALORES MORALES

Hace tiempo que el mundo conoce una infinidad de hechos y procesos nuevos: unos beneficiosos y otros nefastos. Solo basta mencionar algunos ejemplos: la globalización, la aceleración de las comunicaciones, el acceso a la información y la conectividad entre las personas a escala universal. Al mismo tiempo, se expanden globalmente el delito organizado, el terrorismo, la drogadependencia o la degradación ambiental. El rasgo común a todos estos eventos es el cada vez más acelerado ritmo de crecimiento y desarrollo de los cambios. Es por eso que podríamos definir esta compleja realidad como "la sociedad del vértigo".

Herman Hesse explicó que, como ocurre en la actualidad, hay ocasiones en las cuales una generación completa es atrapada entre dos edades, dos modos de vida, con la consecuencia de la pérdida del poder de comprenderse a sí misma, y llegar, así, a carecer de estándares de seguridad de simple aceptación.

En su libro *El lobo estepario*, el poeta y novelista alemán Herman Hesse explicó que, como ocurre en la actualidad, hay ocasiones en las cuales una generación completa es atrapada entre dos edades, dos modos de vida, con la consecuencia de la pérdida del poder de comprenderse a sí misma, y llegar, así, a carecer de estándares de seguridad de simple aceptación.

Otro notable pensador contemporáneo, el sociólogo y filósofo polaco Zygmunt Bauman, se refirió a una generación más cercana en el tiempo: los llamados *millennials*. Se trata de jóvenes que viven hoy en un mundo líquido. Todo cambia; nada parece permanente. Se trata de una franja etaria que vivirá entre dos eras completamente distintas: una del siglo XX y otra del XXI. Se desenvuelven en una contradicción; se conforman con relaciones *líquidas*, inconsistentes, que no requieren mayores obligaciones.

Inmersos en esta "cultura líquida", si comparamos a los hombres más ricos de la pasada centuria con los de la actual, encontraremos notables diferencias. Para Nelson Rockefeller, el poder estaba en los pozos petroleros, los edificios gigantescos, las maquinarias y los ferrocarriles, es decir, en todo aquello destinado a permanecer. Por el contrario, para Bill Gates, su fortuna se centra en lo efímero, en su capacidad para construir y destruir sus propias creaciones en un culto casi paranoico por lo nuevo.

Se trata de jóvenes que viven hoy en un mundo líquido. Todo cambia; nada parece permanente. Se trata de una franja etaria que vivirá entre dos eras completamente distintas: una del siglo XX y otra del XXI. Se desenvuelven en una contradicción; se conforman con relaciones líquidas, inconsistentes, que no requieren mayores obligaciones.

Prácticamente, a escala global, en las sociedades contemporáneas, las transformaciones se producen a un ritmo vertiginoso, a tal punto que, cuando los gobernantes y los funcionarios deciden o resuelven algo sobre un hecho determinado, por lo general, la situación ha sido superada por nuevos acontecimientos. De este modo, la política y los políticos aparecen siempre rezagados respecto de las necesidades y demandas de la sociedad. No se trata de que la clase política vaya a ser reemplazada debido a esta circunstancia. De hecho, por el contrario, seguramente resultará cada vez más necesaria para ayudar a dirimir los eternos conflictos político-sociales de los seres humanos. Lo que está en cuestión —y requiere inteligencia y creatividad para afrontarlo— es el hecho de que esos conflictos deberán ser abordados desde una nueva óptica, ya que las viejas formas de proceder están siendo superadas, y lo serán cada vez más intensa y aceleradamente en el nuevo paradigma de las sociedades complejas del futuro.

MÁS QUE NUNCA, ES NECESARIA UNA GUÍA MORAL

Uno de los mayores desafíos que plantea la sociedad del vértigo es el de los valores morales. La velocidad de los cambios ha servido de excusa para la difusión de un relativismo ético — y aun un planteo francamente antiético—, según el cual discernir entre lo que está bien y lo que está mal también se vería sometido a una acelerada variación.

Un conjunto de creencias, valores y costumbres que eran consideradas "inmutables" en alguna época pronto se vieron transformados, e incluso dejados de lado con el paso del tiempo. Este fenómeno se ha dado a lo largo de toda la historia. El mismo concepto de historia se basa, por una parte, en esta comprobación de que "las cosas cambian", o mejor dicho, de que la humanidad va cambiando sus formas de vida y de entender el mundo.

Pero la historia no está hecha solo de transformaciones, sino también de continuidades. En este sentido, la ética muestra una marcada continuidad en la elaboración de una serie de valores fundamentales de la humanidad y de la convivencia en sociedad. Desde el Decálogo Bíblico hasta la Declaración Universal de los Derechos Humanos, median milenios de historia, con sus transformaciones sociales, políticas, culturales y económicas; pero ciertos principios básicos (sobre qué está bien y qué está mal en el comportamiento para con los semejantes) que constituyen un núcleo duro de la ética resultan, hoy más que nunca, indispensables para que el vértigo de los acontecimientos no nos arrastre en su vorágine.

TRANSFORMAR EL VÉRTIGO EN RAPIDEZ DE RESPUESTA

¿Podemos mantener en alto los valores morales frente a una sociedad tan vertiginosa y poco reflexiva?, por supuesto que sí. En lugar de renegar de la ética y pensar que, como nada parece definitivo, nada importa, deberíamos hacer que el vértigo nos ayude a llegar más rápido a nuestros objetivos.

¿Podemos mantener en alto los valores morales frente a una sociedad tan vertiginosa y poco reflexiva?, por supuesto que sí.

En esta orientación, basta recurrir a unos pocos ejemplos:

- Si tenemos un compromiso moral con el mejoramiento en la calidad de vida de los sectores sociales más postergados, hoy sabemos que las nuevas formas de producción nos permiten hallar soluciones más rápidas. Por ejemplo, ante el problema de la vivienda, hoy es posible diseñar y edificar casas en pocos días gracias a las impresoras 3 D y a los nuevos materiales de construcción.

- Si la ciencia médica avanza a velocidades desconocidas en toda la historia previa de la humanidad, deberíamos acelerar también la telesalud para llevar las prestaciones de más alta calidad hasta los parajes más alejados de los grandes centros urbanos.

- El caso de la educación es muy similar al anterior. En lugar de protestar contra la supuesta deshumanización que suponen las aulas con profesores a distancia, podríamos aprovechar que ahora el centro del aprendizaje radica en el propio individuo y que, gracias a las vías de comunicación digital, se puede dotar con nuevas tecnologías a los educandos de cada rincón de la Argentina.

• Algo parecido ocurre con la seguridad y con la justicia, ya que los instrumentos informáticos disponibles son tan sofisticados que los auxiliares de la ley pueden casi prescindir de la fuerza física y basar sus investigaciones en comunicaciones virtuales, la utilización de algoritmos y trabajos científicos que permiten prevenir el delito y atrapar más rápido a los criminales.

• En cuanto a la alimentación, la agricultura del futuro nos posibilita a casi todos los habitantes de ciudades tener nuestra propia huerta privada para cosechar los alimentos.

• Es sabido que, ante el vértigo, lo peor que podemos hacer es mirar hacia abajo y, así, condenarnos a no superarlo. La respuesta adecuada consiste en levantar la cabeza y preguntarnos cómo vamos a subir tan alto, sabiendo que, al llegar arriba, el esfuerzo habrá valido la pena.

PENSEMOS UN NUEVO PARADIGMA POLÍTICO

Ante el vértigo, lo peor que podemos hacer es mirar hacia abajo y, así, condenarnos a no superarlo. La respuesta adecuada consiste en levantar la cabeza y preguntarnos cómo vamos a subir tan alto, sabiendo que, al llegar arriba, el esfuerzo habrá valido la pena.

Si observamos el acontecer cotidiano de nuestro país y del mundo, resulta evidente que quienes tienen responsabilidades de proponer soluciones a los problemas de nuestras sociedades parecen arrastrados por el vértigo. Por lo general, los políticos aparecen corriendo detrás de los problemas, siempre a merced de los acontecimientos. En el más amplio arco ideológico y partidario, aquí y en otras latitudes, los dirigentes exhiben muy poca capacidad para anticiparse a los escenarios en que deben desenvolverse. Por consiguiente, sus propuestas de solución a conflictos y necesidades de la sociedad resultan "desfasadas" de los hechos, como demoradas y antiguas.

Una primera explicación de este fenómeno es que el sistema político, en la Argentina y en el mundo occidental, se sigue encuadrando en el perimido esquema de "Gobierno" y "oposición". Se trata de una antigua y equívoca antinomia que es necesario superar. Y, pese a las reiteradas invocaciones a "cambiar" y a "trabajar todos juntos", las prácticas de dirigentes y referentes siguen aferradas a esa vieja fórmula. Y, entonces, como políticos, resultan anticuados.

En el más amplio arco ideológico y partidario, aquí y en otras latitudes, los dirigentes exhiben muy poca capacidad para anticiparse a los escenarios en que deben desenvolverse.

Ese modo binario de entender y ejercer la política tuvo su razón de ser en tiempos lejanos, cuando se establecieron las primeras formas de gobierno democrático moderno, para superar el absolutismo de los monarcas. Pero hoy, pasados más de 200 años, la vieja idea de que el que gana una elección gobierna, y el que pierde, en el mejor de los casos, hace oposición constructiva ha quedado irremediablemente desfasada de las exigencias que plantean las complejas sociedades actuales.

El ejercicio del Gobierno, en los tiempos que vivimos, es tan complejo que ya no da lugar a esa antinomia "Gobierno-oposición". No se trata de una cuestión de mejor (o peor) voluntad de los políticos, sino de un problema estructural, inherente al entramado de las sociedades actuales, cuya complejidad, superando lo estrictamente político, abarca ya dimensiones sociológicas, culturales, y hasta incluso antropológicas.

ADOPTEMOS UNA MIRADA PROSPECTIVA

Desde ya que hay una alta cuota de responsabilidad de los políticos en sostener anacrónicamente este bipartidismo. La pereza intelectual, la incapacidad, el egoísmo, el cinismo, o un peligroso cóctel de esos factores, hacen que los integrantes de la clase política no sean permeables a los cambios que se producen delante de sus ojos. Ellos suelen ser reacios a modificar estructuras de gobierno y de organización social en las cuales se sienten extremadamente cómodos, pero que les impiden abordar de manera adecuada los desafíos del mundo contemporáneo, complejo y en permanente cambio.

Todos, en nuestra vida cotidiana, sabemos que el futuro se presenta incierto y desafiante. La propia experiencia nos muestra que muchas de las que en determinados momentos considerábamos "verdades eternas" eran modos ya anticuados de ver el mundo. Y todo indica que en breve seremos testigos de nuevos y mayores "desacoples" entre las formas habituales de pensar y las nuevas realidades, si no tenemos políticas y hombres avezados para anticiparnos.

La pereza intelectual, la incapacidad, el egoísmo, y otros factores, hacen que los integrantes de la clase política no sean permeables a los cambios.

Un solo ejemplo me parece suficiente para mostrar lo que sostengo: en nuestro país y en el mundo entero, los políticos prometen el pleno empleo, cuando todos sabemos que, dentro de una generación (digamos unos treinta años), va a haber una brecha entre ese concepto de "plena ocupación" y la capacidad que tienen las sociedades para generar trabajo para todos. Dicho así, parecería que estamos ante un futuro dantesco. Pero, si somos capaces de prever, desde un enfoque prospectivo, planificando desde el presente de manera responsable, seguramente, será posible encontrar respuestas adecuadas, y lo que ahora se ve como una catástrofe en ciernes podrá transformarse en acontecimientos manejables, obviamente enfocados y administrados desde una concepción muy distinta a la que tenemos hoy.

Siempre he sostenido, y es mi materia de estudio de estos últimos años, que debemos dar un espacio importantísimo a la visión prospectiva. Necesitamos estudiar cuidadosamente el presente para proyectar esos conocimientos hacia adelante, previendo los escenarios en los cuales tendrán que desarrollarse nuestras sociedades a mediano plazo y a largo plazo. Algunos llaman a esto "estudiar el futuro". De más está decir que no estoy propiciando recurrir a augures ni a la quiromancia, sino al abordaje científico y estratégico, en el estricto sentido del término, que permita anticipar los escenarios futuros y trazar cursos de acción en consecuencia.

Necesitamos estudiar cuidadosamente el presente para proyectar esos conocimientos hacia adelante, previendo los escenarios en los cuales tendrán que desarrollarse nuestras sociedades a mediano plazo y a largo plazo.

Todo lo dicho hasta aquí, a mi entender, debe llevarnos también a repensar cuál es el rol de la política y, sobre todo, de los políticos del futuro. Todos sabemos que lo que en el mundo empresario se conoce como "Chief Executive Officer" (CEO) trabaja sobre el presente y trata de resolver los problemas y conflictos que va encontrando en el corto plazo. Esto, en sí mismo, no es ni bueno ni malo; es la conducta adecuada para su función, que corresponde a una específica cultura del trabajo y los negocios. Pero el rol del político es absolutamente diferente. El político debe pensar y crear los escenarios aún inexistentes, pero altamente probables, para anticiparse al curso de los acontecimientos y procesos que hoy aparecen apenas esbozados como realidades incipientes.

Por ende, debe estudiar, lo más científicamente posible, esa realidad en constante transformación, para estar a la altura de los tiempos vertiginosos que nos toca vivir.

EL PODER MORAL Y LA JUSTICIA SOCIAL

La responsabilidad de los políticos, ya sea que ejerzan funciones de gobierno o que aspiren a estas, se vincula estrechamente con la idea del Poder Moral, en cuanto su objetivo no puede ser correr detrás del presente, resolviendo los problemas del día a día, tarea tan propia de las burocracias, sino estar en la posición de recibir el futuro y poder brindar las respuestas modernas que nos exigirá esa sociedad por venir. Esa necesidad impone el desafío de pensar el papel y relevancia que debemos asignar a los valores éticos, en el presente y en el futuro.

Para ciertas ideologías de izquierda, la moral es vista casi como una excusa de los poderosos, una especie de coartada para distraer a las masas de lo más importante, según sus seguidores, que es la lucha por el poder. Estos sectores recelan, y hasta descreen de los valores éticos esenciales, que interpretan como sostén de un *statu quo* que buscan reemplazar.

En el otro extremo, para muchos representantes de la derecha, la moral es un escollo que lleva a desentendernos de los problemas prácticos. Escudados en un supuesto pragmatismo, no faltan quienes aseguran que "el fin justifica los medios". En ambos casos, estamos ante versiones, apenas maquilladas, del maquiavelismo que, como vimos, ya era antiguo en el siglo XVI. En cambio, existen otras posiciones doctrinarias que exigen un compromiso con los principios morales para desarrollar una sociedad y proyecto político determinados. De acuerdo a estas corrientes del pensamiento, ninguno de los actores sociales tiene posibilidades ciertas de realizarse si ignora los condicionantes éticos a la hora de ejercer el poder.

Quienes defendemos estas banderas creemos que debe existir un consenso moral mínimo que haga posible el funcionamiento armónico del conjunto de la sociedad. En términos tradicionales, esta noción se expresaba en la idea del "bien común", y hace ya más de un siglo se conoce como "justicia social".

Quienes defendemos estas banderas creemos que debe existir un consenso moral mínimo que haga posible el funcionamiento armónico del conjunto de la sociedad.

Su búsqueda implica un compromiso público para compensar las desigualdades que surgen en el mercado de las sociedades modernas, a fin de equilibrar las oportunidades. La sociedad y, ante todo sus autoridades y quienes tienen responsabilidades de dirección, deben propiciar las condiciones para que todos los integrantes de la comunidad estén en situación de desarrollarse como personas integrales. No hay igualdad posible sin una base mínima de consensos éticos y de justicia social.

Los países con mejor calidad de vida suelen ser aquellos que promueven este tipo de prácticas, ya que la inequidad y las desigualdades propician enfrentamientos internos, desintegran el tejido social y, en última instancia, generan violencia. Se trata de naciones con un elevado nivel de educación que han alcanzado un amplio desarrollo y tienen una sólida opinión pública.

Capítulo 3

¿Cómo podemos enfrentarnos al crimen organizado? Junto con la corrupción y con el narcotráfico, se ha constituido una fuerza que no es paralela al Estado. Es, realmente, un Estado dentro de este.

(Rigoberta Menchú)

EL PODER MORAL Y LA CORRUPCIÓN A LO LARGO DE LA HISTORIA

Según el Banco Mundial, "la corrupción es el abuso del funcionario público para beneficio privado". Y, para la organización no gubernamental Transparencia Internacional, la corrupción es el "mal uso del poder encomendado para obtener beneficios particulares". Ambas definiciones parecen centradas en la figura del funcionario o político pero, a mi entender, conviene tener en cuenta que es tan corrupto el que recibe una coima como quien la paga. Como dice el saber popular, "se necesitan dos para bailar un tango". Es cierto que, por las responsabilidades que les asigna la sociedad a quienes ejercen funciones públicas, es sobre estos quienes debe recaer principalmente el control del Poder Moral. Pero también es cierto que, además de encuadrarse dentro de figuras penales (desde el cohecho hasta las negociaciones incompatibles con el ejercicio de un cargo público, por citar solo dos),

Según el Banco Mundial, "la corrupción es el abuso del funcionario público para beneficio privado". Y, para la organización no gubernamental Transparencia Internacional, la corrupción es el "mal uso del poder encomendado para obtener beneficios particulares".

los actos de corrupción son una violación a normas éticas básicas de la sociedad. Cuando se reiteran y se generalizan, sus consecuencias para la convivencia social e institucionalidad política de un país van mucho más allá de lo que pueda sancionarse mediante una condena en el ámbito judicial. Y, si esta última no se produce y los delitos de este tipo quedan impunes, el mal se agrava exponencialmente. La anomia (es decir, la falta de normas respetadas) es el caldo de cultivo para que la corrupción se extienda a todas las relaciones interpersonales, y constituye, así, el germen del desánimo, el descreimiento y la falta de participación ciudadana. Con ello, la representatividad política se erosiona, y se vulneran gravemente las instituciones, en un círculo vicioso que deteriora las formas de vida republicana y democrática. Por lo tanto, para salir de este mecanismo, reitero, es necesario revertir la "naturalización" de esas conductas antiéticas, constituyendo y fortaleciendo el Poder Moral.

La anomia (es decir, la falta de normas respetadas) es el caldo de cultivo para que la corrupción se extienda a todas las relaciones interpersonales, y constituye, así, el germen del desánimo, el descreimiento y la falta de participación ciudadana.

MAL DE MUCHOS

Posiblemente, no faltará quien argumente que la corrupción es un mal recurrente a lo largo del desarrollo de las civilizaciones desde tiempos inmemoriales, e incluso quien afirme, con una mirada escéptica, que se trata de un vicio innato de la condición humana. Recordemos que hasta un hombre de firme vocación ética, como Santo Tomás de Aquino, con cierta desilusión llegó a afirmar que "si el honor fuese rentable, todos serían honorables".

En efecto, desde épocas muy remotas, es posible rastrear casos de corrupción, que no son exclusivos de ningún sistema social o político en particular y que ha manchado a personas de las más diversas culturas, ideologías y creencias. Prueba de esto es un reciente descubrimiento que narra el más antiguo hecho de corrupción del que se tiene conocimiento. El investigador egipcio Ahmad Saleh descifró un papiro en el que se cuenta la historia de un funcionario de Tebas llamado *Peser* que, en tiempos del faraón Ramsés IX, dirigía una trama delictiva en connivencia con una banda de saqueadores de tumbas. Según relata Saleh, el caso se cerró con un proceso en el que ni Peser ni otros funcionarios implicados en este "Tebasgate" fueron condenados.

Desde entonces hasta la actualidad, se podrían llenar páginas y páginas sobre la venalidad de funcionarios y sobre las prácticas reñidas con la ética de parte de administradores, públicos y privados. También se llenarían extensos volúmenes con las normas, desde el Código de Hammurabi, en la Asiria del año 1900 antes de Cristo, hasta las más modernas legislaciones en pos de la transparencia en la función pública, que evidencian la preocupación de los Estados por hacer frente a un mal reiterado a lo largo de la historia.

Pero que sea un mal de muchos no solo no puede servirnos de consuelo, sino que es una razón más para tomar el toro por las astas si, efectivamente, aspiramos a una sociedad y mundo mejores en el futuro.

LÍDERES MUNDIALES QUE ANTEPUSIERON EL PODER MORAL

Así como la corrupción aparece como un fenómeno reiterado a lo largo de la historia, también lo son los líderes y personalidades destacadas que antepusieron el Poder Moral. Sería imposible mencionar a todos los que dieron ejemplo de ética ciudadana, pero algunos nombres significativos permiten comprender que, si bien hay en la naturaleza humana rasgos negativos, también contamos con poderosas fuerzas morales capaces de servir de guía de conducta.

Si existe un rostro mundial de la no violencia, este es el de **Mahatma Gandhi** (1869-1948). Él demostró que la resistencia pacífica es un instrumento válido para alcanzar objetivos políticos tan inmensos como la independencia de la segunda nación más poblada del mundo. Gandhi abogó por el pacifismo en un contexto enmarcado por la Primera Guerra Mundial y por la Segunda Guerra Mundial. Llamó a boicotear al todopoderoso gobierno colonial inglés y fue encarcelado por ello. Movilizó masas y encabezó una protesta pacífica que al fin triunfó, y por la que se obtuvo la independencia. "La violencia es el miedo a los ideales de los demás", aseguró.

Austero y enemigo de privilegios, cuestionó la sociedad de castas de su propio país, poniéndose del lado de los "intocables" o parias, el escalón más bajo de la comunidad. Recurrió al ayuno y a la espiritualidad como protesta y propugnó que la desobediencia civil era el arma más efectiva contra las leyes injustas. Sabía que los ingleses aplastarían militarmente cualquier intento de lucha armada. En 1948, a los 78 años, fue asesinado en Nueva Delhi por Nathuram Godse, un radical hindú.

Mahatma Gandhi (1869-1948). Él demostró que la resistencia pacífica es un instrumento válido para alcanzar objetivos políticos tan inmensos como la independencia de la segunda nación más poblada del mundo.

Años más tarde, el líder de los derechos civiles de Estados Unidos, **Martin Luther King**, reconoció a Gandhi de la siguiente forma: "De mi formación cristiana he obtenido mis ideales y, de Gandhi, la técnica de la acción". El doctor King fue un pastor estadounidense que desarrolló una labor crucial al frente del Movimiento por los Derechos Civiles. Abogó por el voto de los afroamericanos y por el cese de la Guerra de Vietnam. Entre sus acciones más recordadas, figura el boicot de autobuses en Montgomery, en 1955, ya que en el sur de su país se obligaba a la población negra a ocupar la parte posterior de los colectivos urbanos e interurbanos.

En 1963, conmovió al país con una multitudinaria marcha sobre Washington para pedir trabajo y libertad. Al final de su discurso, pronunció su famosa frase: "I have a dream" ('Yo tengo un sueño'). Ganó el Premio Nobel de la Paz en 1964. Fue asesinado en Memphis cuatro años más tarde, en uno de los peores magnicidios de la historia.

Por su parte, **Nelson Mandela**, nacido en Sudáfrica en 1918, se dedicó a la política para hacer frente a las prácticas de segregación racial del régimen entonces vigente en su país. Asumió también la desobediencia civil como arma para neutralizar el Apartheid impuesto desde 1948. Fue arrestado, acusado de alta traición, y pasó 27 años en prisión por defender sus ideas. En 1990, finalmente, dio resultado la campaña internacional realizada a favor de su liberación y, ya en libertad, abogó por una solución política que no menoscabase los derechos de nadie. Tomó las riendas de la transición, y se convirtió en presidente en las primeras elecciones democráticas de su país. Siempre defendió la reconciliación nacional y fue distinguido también como Premio Nobel de la Paz.

Mandela fue arrestado, acusado de alta traición, y pasó 27 años en prisión por defender sus ideas. En 1990, finalmente, dio resultado la campaña internacional realizada a favor de su liberación y, ya en libertad, abogó por una solución política que no menoscabase los derechos de nadie.

Finalmente, un niño nacido con el nombre de **Tenzin Gyatso** estaba llamado a continuar el régimen del Tíbet. Cuando tenía solo dos años, fue identificado como la reencarnación del **Dalai Lama**, y comenzó a prepararse para asumir su destino. Sin embargo, en 1950, la República Popular China, liderada por Mao Zedong, se cruzó por su camino al invadir su país, y el sacerdote tibetano tuvo que huir a la India, junto con 150.000 seguidores.

Desde entonces, el Dalai Lama ha liderado una campaña de resistencia pacífica desde el exterior. Ha viajado por todo el mundo defendiendo la recuperación del territorio. Siempre ha apostado por la no violencia y por los derechos humanos. Sus campañas le valieron el Premio Nobel de la Paz en 1989. En 2011, renunció a todos sus cargos políticos para quedar solo como líder espiritual y religioso.

¿VIVIR PARA LA POLÍTICA O DE LA POLÍTICA?

Todos los líderes antes mencionados, así como tantos otros, viven para la política, siguiendo una famosa distinción hecha por el sociólogo Max Weber. Este autor diferenció los políticos que viven para la política de los que viven de la política. En el caso de estos últimos, la ambición personal deja de valer por sí misma y se rebaja al nivel de un valor instrumental al servicio del enriquecimiento propio.

Ahondando más en el tema, Weber sostenía que "el soberano es visto como el señor que dispensa su favor y su gracia al pueblo; los puestos públicos no son asignados por capacidad y competencia, sino por lealtad y simpatía; no hay una formación estricta y regulada de los funcionarios, sino una nominación que obedece a la conveniencia de quien posee la autoridad. La actividad de dichos funcionarios se extiende con frecuencia más allá de lo que les está expresamente señalado; el desempeño de los cargos se remunera sobre todo por el usufructo que de ellos se pueda hacer; se obedece más a la disposición individual del gobernante que a leyes fijas y establecidas".

Este certero análisis de la causa estructural de la corrupción es particularmente aplicable a las realidades de los países periféricos del mundo. En estos se da la paradoja que denunció el premio Nobel de Economía, Gunnar Myrdal: "En los países subdesarrollados, el sector privado es estatista porque pide protección y subsidios al Estado, y el sector público es privatista porque lo anima el espíritu de lucro individual. Los roles se invierten: los privados operan en la esfera pública, mientras la esfera pública opera bajo el influjo del lucro privado".

ASPECTOS ESTRUCTURALES DE LA CORRUPCIÓN

La ilegalidad administrativa presenta rasgos diferentes entre las naciones más desarrolladas y los países subdesarrollados, así como también entre las democracias y los regímenes autoritarios. El grado de contralor de la dirigencia es un aspecto que se relaciona directamente con las posibilidades de corrupción estructural. En las administraciones más laxas en materia de controles, sus integrantes se ven más fácilmente tentados a quebrantar la ley. En los países más pobres, ya sea en dictadura o en democracia precaria, la corrupción se produce fundamentalmente desde lo alto de las instituciones, y perjudica principalmente a sectores de la sociedad civil. Por el otro lado, en las autocracias con economía más desarrollada (como lo fueron los países comunistas del este de Europa), la corrupción se produjo en el ámbito institucional o en el del partido único, en sus jefes o en su nomenclatura o en su burocracia partidista.

En los países más pobres, ya sea en dictadura o en democracia precaria, la corrupción se produce fundamentalmente desde lo alto de las instituciones, y perjudica principalmente a sectores de la sociedad civil.

En los países desarrollados, la corrupción es mínima, tanto en la Justicia como en los cuadros medios y bajos de la administración pública, pero alcanza un nivel importante en los cargos más altos. Al respecto, se debe tener en cuenta que los altos cuadros son más independientes y, por ende, más difíciles de controlar. Por el contrario, en los países subdesarrollados, la corrupción se intensifica tanto en los estratos altos como en los medios y bajos: impregna al Estado en su totalidad. Comienza con el policía que pide una coima para obviar una infracción, sigue con los funcionarios de la Aduana que cobran para ignorar las leyes impositivas y termina contaminando las conductas de los altos funcionarios.

Ahora bien, ¿por qué existen estas diferencias tan tajantes entre ambos tipos de sociedades? Podríamos esgrimir dos argumentos diferentes. Por un lado, en las naciones desarrolladas (Estados Unidos, Canadá, la mayor parte de los países europeos y Japón), quien llega a un puesto en la administración pública suele hacerlo luego de aprobar un examen sobre una materia que conoce. Por lo tanto, trabaja en un puesto para el que se capacitó previamente. Por otro lado, las remuneraciones que reciben los funcionarios del Primer Mundo les permiten a estos tener un nivel de vida que les garantiza adecuadamente los gastos básicos de cualquier familia de clase media. Como contrapartida, en las naciones en vía de desarrollo, quienes ingresan a trabajar en el Estado lo hacen frecuentemente por recomendación de los funcionarios. Además, las remuneraciones no suelen garantizar las necesidades básicas de un grupo familiar.

En los países subdesarrollados, la corrupción se intensifica tanto en los estratos altos como en los medios y bajos: impregna al Estado en su totalidad.

FACTORES QUE CONTRIBUYEN A LA CORRUPCIÓN

Una de las principales causas de la corrupción se produce cuando el clientelismo político controla las instituciones públicas. Si el cargo (no solo de empleados del Gobierno, sino también de trabajadores de otras funciones del Estado y de múltiples organismos de control) depende del nombramiento y supervisión del poder político partidario, es considerable la probabilidad de que alguien vinculado al Estado se atreva a extralimitarse.

Una de las principales causas de la corrupción se produce cuando el clientelismo político controla las instituciones públicas.

Otro componente que facilita la corrupción es conocido como “la maldición política de la abundancia”. Diversas investigaciones han demostrado que los países que encuentran nuevas fuentes de ingresos públicos, como la explotación de un recurso natural, tienden a ser más corruptos porque los funcionarios pueden llevarse una parte de esa renta sin que los electores se sientan afectados.

En líneas generales, puede hablarse de tres tipos de causas de corrupción: las formales, las culturales y las materiales. Podemos circunscribir las primeras a una clara falta de delimitación entre lo público y lo privado. Por su parte, las culturales se relacionan con una amplia tolerancia social hacia el goce de privilegios privados y, en algunos casos, con la escasa vigencia de la idea de nación y con la ausencia de una solidaridad amplia, fundada en el bienestar común. Por último, cuando hablamos de causas materiales, nos referimos a situaciones concretas que habilitan prácticas corruptas, a modo de brechas entre el orden jurídico y el orden social vigente.

Aun tratándose de distintos tipos de causas de corrupción, hay muchos factores que inciden sobre los niveles de esta, facilitándola algunos y dificultándola otros. Es por eso que la clave principal para hacer frente a este flagelo es el fortalecimiento del tejido institucional.

Capítulo 4

Me pregunto en qué clase de sociedad vivimos,
qué democracia tenemos, donde los corruptos viven en la
impunidad, y el hambre de los pueblos
se considera subversiva.

(Ernesto Sábato, *Antes del fin*, 1999)

PROBLEMAS MORALES DEL SIGLO XXI

En la globalización existe una relación cada vez más estrecha entre la vida económica y la política. La nueva versión del capitalismo que vivimos requiere estructuras materiales en permanente expansión que, a su vez, impulsan una sed insaciable de consumo. El ser humano actual es un individuo complejo, lleno de preocupaciones por comprar productos que a menudo le resultan innecesarios. En una sociedad hedonista como la nuestra, que exalta los sentidos y su satisfacción, es difícil esperar integrantes santos. También es igualmente complicada la tarea de formar ciudadanos y funcionarios honrados, si el eje de la vida es ganar más y más dinero *para*.

El ser humano actual es un individuo complejo, lleno de preocupaciones por comprar productos que a menudo le resultan innecesarios.

Estas características del capitalismo se han agravado con el triunfo del neoliberalismo. Los comportamientos predominantes están marcados por un individualismo materialista, egoísta y consumidor, que trajo aparejada una crisis de la persona como ser humano integral. Sus rasgos más terribles son la indiferencia hacia el prójimo y la falta de asunción de la responsabilidad social. En el siglo XXI, el sujeto se siente escindido, a la vez que pone sus intereses propios por encima de las necesidades del conjunto. Paradójicamente, en una época en que la velocidad de las comunicaciones permite una vinculación instantánea entre semejantes que se encuentran en los rincones más alejados del planeta, el ignorar o no preocuparse por quién pasa a su lado se ha vuelto moneda corriente.

Como contrapartida, la inequidad y la injusticia social se presentan cada vez más ostensibles y dramáticas. Mientras una porción minoritaria de la humanidad concentra, junto con la riqueza, las posibilidades de acceder a un consumo desenfrenado, millones de congéneres se ven sumergidos bajo la línea de pobreza y, en muchos casos, por debajo de niveles de la subsistencia más elemental.

UN DATO PREOCUPANTE

El nuevo capitalismo es una especie de naufragio donde el grito que más se escucha es "¡Sálvese quien pueda!".

El ciudadano y el funcionario se encuentran inmersos en este mundo de omnipotencia del dinero, de la posibilidad de mercadear de todo; de tener cómplices más que prójimos; de ausencia de compromiso con el destino colectivo.

El nuevo capitalismo es una especie de naufragio donde el grito que más se escucha es "¡Sálvese quien pueda!".

¿Estamos frente al libre albedrío o al libertinaje? Aportando a una posible respuesta sobre este interrogante, Tax Justice Network, una coalición independiente de investigadores preocupados por la evasión de impuestos, nos ofrece datos relevantes. En uno de sus últimos trabajos, estimaron que los individuos más ricos del mundo tenían ocultos, en guaridas fiscales, más de 12.000 billones de dólares. Esta cifra equivale aproximadamente a un cuarto de la riqueza total del planeta, es decir, a todo el producto bruto de Estados Unidos. Otras comparaciones resultan igualmente ilustrativas: representa 40 deudas externas argentinas completas, o bien el triple de las reservas del Banco Central Chino, el mayor prestamista del mundo.

El problema de la corrupción es el mal del siglo XXI. Este se acentuó notablemente en las últimas décadas debido a múltiples procesos de desregulación del capital que hicieron florecer, en todo el planeta, los llamados "paraísos fiscales".

Distintos estudios respaldados por el Banco Mundial dividieron en tres orígenes esa fortuna encubierta: un tercio provenía del narcotráfico, crimen organizado y delitos en general; otro 3% surgía del producido de sobornos y afines que funcionarios estatales escondieron en los paraísos fiscales (Caimán, Bahamas, Vírgenes inglesas, Man, Jersey, Gibraltar, Malta, Liechtenstein, Mónaco, Andorra, Uruguay, Dubai, Irlanda, Panamá, Liberia, entre otros), y todo el resto (casi dos tercios) era producto de transacciones comerciales ilegales de las empresas.

LAS RAÍCES MORALES DEL PROBLEMA

¿Por qué la corrupción es el mal del siglo XXI? Este problema se acentuó notablemente en las últimas décadas del siglo pasado debido a múltiples procesos de desregulación del capital que hicieron florecer, en todo el planeta, los llamados "paraísos fiscales".

El panorama, a nivel interno, se agrava aún más, dado que las instituciones tradicionales que antes se ocupaban de formar la conducta de las personas (como la familia, la escuela, la religión, los clubes, los partidos políticos y el Estado) están sumidas en una importante crisis. Esta es una de las explicaciones para entender el individualismo de nuestra época: ya no son las instituciones mencionadas las que regulan a las personas, sino que cada uno se regula a sí mismo como quiere, o como puede.

Este giro hacia el relativismo moral que se produjo entre finales del siglo XX y principios del siglo XXI no tiene precedentes. Históricamente, los individuos debían adaptarse a las exigencias de la sociedad, pero actualmente nos encaminamos a que sea la sociedad la que debe adaptarse a lo que pretenden los individuos.

LAS CONSECUENCIAS DE LA CORRUPCIÓN

Las consecuencias de la corrupción son lapidarias. Ante todo, su efecto es devastador en la base misma de la convivencia social y de los consensos necesarios para su funcionamiento armónico. La corrupción afecta la moral colectiva por la pérdida de la jerarquía de los valores de la vida en sociedad, y la honestidad es desplazada, entonces, por el abuso. El poder del dinero se sobrepone al prestigio de la virtud, al tiempo que debilita el respeto y la confianza entre los individuos y altera las relaciones de estos con las autoridades. La familia se resiente por la confusión de valores, y la pobreza se padece como una lacerante injusticia, ocasionada en gran parte por la corrupción que, mientras tanto, enriquece indebidamente a otros. Asimismo, la corrupción genera una profunda crisis de legalidad: la ley no se cumple, y su violación carece de sanción. Paralelamente, la confianza en las decisiones públicas se pierde, hecho que aumenta la imprevisibilidad. Todo ello se ve agravado, aún más por la sangría de recursos que genera y que opera a varias puntas. Primeramente, implica un costo adicional para todo el funcionamiento económico, tanto del Estado, que en

La honestidad es desplazada, entonces, por el abuso. El poder del dinero se sobrepone al prestigio de la virtud, al tiempo que debilita el respeto y la confianza entre los individuos y altera las relaciones de estos con las autoridades.

sus contrataciones paga sobreprecios escandalosos, como de las empresas proveedoras y prestatarias, que recargan a sus costos los correspondientes a los manejos corruptos. En segundo término, la ineficiencia del sector público generada de esta forma, en todos sus niveles, se traduce tanto en una merma de los servicios y obras indispensables para la sociedad como en un incremento de la presión fiscal sobre la población, lo que retroalimenta el círculo vicioso del gasto ineficiente. En tercer lugar, el costo interno crece por lo que hay que pagar a los corruptos, o porque surgen dificultades provocadas para generar el precio. Y, finalmente, se perjudica el conjunto de la economía y de la sociedad cuando, en razón del soborno, se toma una decisión inconveniente.

El costo interno crece por lo que hay que pagar a los corruptos, o porque surgen dificultades provocadas para generar el precio. Y, finalmente, se perjudica el conjunto de la economía y de la sociedad cuando, en razón del soborno, se toma una decisión inconveniente.

LA CORRUPCIÓN ES INEFICIENCIA

Más allá de los innumerables casos de corrupción de los que somos testigos a diario en el mundo entero, es realmente preocupante el tipo de cultura que este fenómeno ha venido generando en las sociedades. No se trata solo del costo económico, que es enorme, sino de la descomposición social e institucional que produce. Se configuran, de este modo, realidades que están alejando a las sociedades de conformar países competitivos e innovadores debido a la ausencia de transparencia, confianza y los debidos controles en los estamentos públicos.

Cuando miramos los indicadores de competitividad, no es una casualidad que países como Suiza, Finlandia, Alemania, Suecia, Holanda y Singapur tengan indicadores muy altos por la facilidad con la que se pueden hacer los negocios, la transparencia de sus instituciones y el nivel de confianza que inspira la aplicación de sus sistemas regulatorios. En estos países, las sociedades tienen muy baja tolerancia a los actos de corrupción y poseen mecanismos efectivos para aumentar significativamente los costos a quienes son encontrados culpables de estos hechos. La manera de ejercer el Poder Moral y afrontar la corrupción debería ser un tema fundamental en todas las campañas políticas. No creo equivocarme al afirmar que este problema es el mayor desafío que tenemos los políticos del mundo con miras hacia el futuro, porque involucra cómo nos vemos y cómo actuamos como sociedad.

El ingeniero y profesor Michael Porter, de la Escuela de Negocios Harvard, propuso "hacer visible lo invisible para hacer conversable lo inconversable". Tenemos la obligación de hacer cada vez más visible el fenómeno de la corrupción y la falta del Poder Moral y, de esta manera, ponerlo en el centro de un gran debate a nivel nacional y mundial.

UN PROBLEMA MUNDIAL

Tenemos la obligación de hacer cada vez más visible el fenómeno de la corrupción y la falta del Poder Moral y, de esta manera, ponerlo en el centro de un gran debate a nivel nacional y mundial.

Veamos algunos ejemplos de cómo el flagelo de la corrupción está lamentablemente extendido en el mundo. En España, la relación entre el pueblo y sus gobernantes es también muy compleja. El denominado "caso Bárcenas" produjo en 2013 un terremoto político. En una muy difundida causa judicial, se investigó a Luis Bárcenas, extesorero del Partido Popular (PP). Este contador fue acusado de haber utilizado fondos del PP para generar sobresueldos a los máximos dirigentes de la agrupación. Las sumas oscilaban entre 5000 y 15.000 euros mensuales. El proceso rozó al expresidente José María Aznar y a Mariano Rajoy, ambos pertenecientes a la centroderecha española. El escándalo hizo caer las "acciones electorales" del PP y el país se quedó, virtualmente, sin Gobierno electo durante más de un año, ya que ninguna fracción partidaria lograba imponerse al titular del Poder Ejecutivo Nacional.

También la familia real española se vio afectada por causas de este tipo. La infanta Cristina, hermana del rey Felipe, estuvo a punto de ser condenada, aunque logró evitarlo. Sin embargo, su esposo, Iñaki Urdangarin, fue sentenciado a seis años y tres meses de cárcel. Ambos habían sido acusados de cometer un fraude millonario a las arcas públicas en el llamado "caso Nóos". Se comprobó que Urdangarin había utilizado el nombre de una falsa entidad sin fines de lucro para captar contratos públicos y quedarse con el dinero. Las juezas intervinientes consideraron que la infanta Cristina desconocía los negocios sucios de su marido, y solo le achacaron responsabilidad civil en la trama, por lo que le impusieron una multa de 265.000 euros por el beneficio económico obtenido de forma ilegal.

El país se quedó, virtualmente, sin Gobierno electo durante más de un año, ya que ninguna fracción partidaria lograba imponerse al titular del Poder Ejecutivo Nacional.

Otros países europeos también sufren este tipo de males. En Rumania, decenas de miles de personas salieron a las calles en 2017 para protestar contra los numerosos casos de corrupción del Gobierno del Partido Socialdemócrata (PSD), cuyos máximos dirigentes intentaron autoamnistiarse para no enfrentar a la justicia local. Las manifestaciones callejeras fueron tan numerosas que el Poder Ejecutivo se vio obligado a retirar la mencionada iniciativa del parlamento nacional.

El caso del expresidente italiano Silvio Berlusconi merecería un libro completo. Fue acusado, en numerosas ocasiones, de delitos de corrupción y, en algunas de estas, fue declarado culpable. Por ejemplo, un tribunal de Nápoles le dio tres años de cárcel en una causa abierta por sobornos a un senador nacional, hecho que facilitó la caída del Gobierno de Romano Prodi en 2008.

En Grecia, quien fue siete veces ministro, Akis Tsochatzopoulos, fue condenado a ocho años de prisión y al pago de 520.000 euros por haber mentido sobre su real patrimonio entre 2006 y 2009. Fue acusado de llevarse 16 millones de dólares. Uno de sus empleados, Antoni Kantas, dijo: "Acepté tantos sobornos en mi vida que no puedo recordar todos".

La penúltima ubicación mundial sobre honestidad gubernamental corresponde a Rusia. Allí, los asesinatos de dirigentes opositores, dentro y fuera del país, y el acoso que se ejerce desde el Estado contra empresarios, periodistas y dirigentes políticos críticos al Gobierno de Vladimir Putin, han causado en los últimos años un exilio forzado de cientos de personas que alguna vez tuvieron un rol relevante en Moscú.

La penúltima ubicación mundial sobre honestidad gubernamental corresponde a Rusia. Allí, los asesinatos de dirigentes opositores, dentro y fuera del país, y el acoso que se ejerce desde el Estado contra empresarios, periodistas y dirigentes políticos críticos al Gobierno de Vladimir Putin, han causado en los últimos años un exilio forzado de cientos de personas que alguna vez tuvieron un rol relevante en Moscú.

A miles de kilómetros de distancia, en India, la reciente victoria electoral de Narendra Modi se produjo debido a un clima de hartazgo con la corrupción que deslegitimó al oficialista Partido del Congreso. También en 2017, el Tribunal Constitucional de Corea del Sur procedió a la destitución de la presidenta Park Geun-hye. La exjefa de Estado fue considerada cómplice en el mayor escándalo de corrupción y tráfico de influencias que haya conocido ese desarrollado país. Park se convirtió en la primera máxima dirigente surcoreana relevada por un juicio político.

La situación más escandalosa la encontramos en Nigeria, señalada en diversas oportunidades por la organización Transparency International, como la nación con el mayor índice de corrupción en el mundo. Un caso emblemático ocurrió a fines del siglo XX. El general Sani Abacha, exdirector de Personal de las Fuerzas Armadas, llegó al poder en 1993 tras haber liderado un golpe de Estado. Durante los cinco años en los que ejerció el Gobierno, prohibió los partidos políticos y disolvió los organismos públicos. Tras su muerte, en 1998, el Gobierno nigeriano inició una investigación en contra de su familia por enriquecimiento ilícito. Se la acusó de poseer más de 2500 millones de dólares en cuentas personales de bancos en Suiza, el Reino Unido, Luxemburgo y Liechtenstein.

La corrupción es sinónimo de ineficiencia y de inequidad.

Muchas veces se ha hecho un paralelismo entre Noruega, la sociedad que exhibe el más alto índice de satisfacción de la población en el mundo, y Nigeria, una de las naciones con mayor desigualdad entre sus habitantes. Ambos países son potencias petroleras pero, mientras los escandinavos crearon un fondo anticíclico de 500.000 millones de dólares gracias al oro negro para utilizarlo en momentos difíciles, los nigerianos dilapidaron el producto de sus vastos yacimientos y ostentan hoy uno de los peores niveles de atraso y pobreza del mundo entero. Es una prueba más de que la corrupción es sinónimo de ineficiencia y de inequidad.

LA SITUACIÓN LATINOAMERICANA

Más que una "cultura autoritaria" (como se ha sostenido en varias ocasiones), en Latinoamérica existe una "cultura de la transgresión". Se trata de una mezcla de actitudes arbitrarias y de "hacer la vista gorda", una conjunción de la severidad en el castigo para algunos y de la ley del dejar hacer para otros. En todo caso, la norma no se aplica a todos por igual: para algunos, solo tiene una función "indicativa"; para otros, ni siquiera eso, puesto que su interpretación siempre se lleva a cabo a través del doble estándar.

Y lo ilustró así, de manera literaria, José Hernández en el *Martín Fierro*: "La ley es tela de araña, y en mi ignorancia lo explico; no la tema el hombre rico, no la tema el que mande, pues la rompe el bicho grande y solo *enrieda* a los chicos".

Sintetizando, podemos decir que tanto el concepto de anomia como la costumbre de la transgresión son dos referencias inexcusables para pensar el fenómeno de la corrupción en nuestros países. En aquellas culturas donde la corrupción es vista como algo normal o inevitable, combatirla resultará mucho más difícil. Y si, además, las percepciones sociales son funcionales a la corrupción, se tornará imposible sentar las bases para una realidad más transparente.

Tanto el concepto de anomia como la costumbre de la transgresión son dos referencias inexcusables para pensar el fenómeno de la corrupción en nuestros países.

En los últimos años, quedó en claro que la mayoría de los ciudadanos latinoamericanos no están conformes con sus gobernantes y con su dirigencia política en general. Los ejemplos sobran. Y son tan conocidos que solamente algunos hechos y nombres bastan para que el lector los evoque: Dilma Rousseff, Mensalao, el Lava Jato, Odebrecht, el intento de reelección de Evo Morales, Pedro Pablo Kuczynski y, en tiempos más cercanos, Macri, el blanqueo, la destitución de Pedro Castillo, Bolsonaro, los cuadernos, Lázaro Báez, Cristina Kirchner, los juicios, las condenas, el *lawfare*. Y la lista, que seguramente va a estar desactualizada cuando este libro tome estado público, podría seguir hasta el infinito.

Los escándalos, las denuncias, las acusaciones se superponen, se solapan y se acumulan hasta un punto que hasta para el más atento observador es imposible seguir el día a día de los acontecimientos. Y esto opera de manera nefasta sobre las expectativas y proyectos de los ciudadanos de a pie. Según los estudios más serios, la confianza en la democracia representativa —como el mejor de los sistemas de gobierno— no para de descender en toda América Latina desde hace más de veinte años. Y no parece que la tendencia vaya a revertirse, sino todo lo contrario, lo que implica un enorme peligro para la gobernanza de la región en el futuro inmediato.

El sueño del Libertador Simón Bolívar por instaurar el Poder Moral en nuestros pueblos continúa siendo una asignatura pendiente para erradicar la pobreza y el subdesarrollo en toda la región. Nuestro futuro puede ser promisorio y brillante si logramos capitalizar toda la sabiduría, ciencia y tecnología que el siglo XXI nos brinda. En cambio, si persistimos en los viejos errores, si repetimos fallidas estrategias y no desechamos infructuosos modos de pensar, continuaremos cosechando resultados desfavorables.

Capítulo 5

Hay gente que adora la plata, y se mete en la política. Si adora tanto la plata, que se meta en el comercio, en la industria, que haga lo que quiera, no es pecado; pero la política es para servirle a la gente.

(José Mujica, expresidente del Uruguay)

LOS NUEVOS DESAFÍOS REQUIEREN NUEVOS ENFOQUES

¿Podrán los dirigentes del siglo XXI estar a la altura de los desafíos de la sociedad vertiginosa en la que vivimos y terminar con la inmoralidad y con la perversión en el manejo del dinero de todos? La respuesta a esta pregunta, como sucede en tantos otros órdenes de la vida, dependerá de qué caminos como sociedad elijamos, para hacerles frente a estos problemas. Teniendo en cuenta la globalización (una realidad actualmente irreversible), la reflexión y los esfuerzos destinados a resolver estas cuestiones deberá tomarse en cuenta —como ya comienza a hacerse—, la estrecha vinculación que existe entre los niveles internacionales, regionales, nacionales y locales. Al mismo tiempo, urge comprender la interrelación existente entre la corrupción y las diversas formas de crimen organizado a escala regional y mundial. Como es sabido, redes como las del narcotráfico, dados los

Redes como las del narcotráfico, dados los inmensos recursos económicos que manejan, constituyen grandes generadoras de corrupción en la actualidad.

inmensos recursos económicos que manejan, constituyen grandes generadoras de corrupción en la actualidad. Por otra parte, será más que difícil hallar y poner en práctica acciones efectivas si no se encaran los nuevos desafíos con enfoques originales que, con una visión prospectiva, sepan proyectar desde el presente soluciones para futuros escenarios que, evidentemente, habrán de surgir y a los que es necesario anticiparse.

LA RESPUESTA TRADICIONAL

Tomando en cuenta el ritmo vertiginoso de los cambios en las sociedades actuales, el enfoque debe ser integral. En este sentido, limitarse a una respuesta ante los hechos consumados, confiando solamente en los mecanismos administrativos tradicionales, el sistema judicial y la represión policial, sería como atarse de manos ante un conflicto que requiere inventiva y múltiples herramientas, para encararlo con posibilidades de éxito.

Hoy tenemos una prueba palpable en el país más poblado de la Tierra. El vertiginoso y sostenido crecimiento económico de China, junto con una notable mejora en las condiciones de vida de buena parte de su población y con una expansión acelerada de su capacidad de consumo, trajo aparejado, como contracara, un salto exponencial en los casos de corrupción. Un estudio internacional, elaborado en 2016 por la empresa IPSOS, colocó a los chinos como los seres más materialistas del planeta. De acuerdo a ese análisis, son quienes, en mayor medida, identifican el éxito con el dinero y son los que mayor importancia les dan a los bienes

El vertiginoso y sostenido crecimiento económico de China, junto con una notable mejora en las condiciones de vida de buena parte de su población y con una expansión acelerada de su capacidad de consumo, trajo aparejado, como contracara, un salto exponencial en los casos de corrupción.

materiales. Según el trabajo desarrollado en alrededor de 20 naciones, China alcanzó un verdadero récord: dos de cada tres habitantes afirman que sienten mucha presión para ganar dinero. En ese contexto, el modelo económico chino, que postulaba la igualdad y el socialismo, terminó creando una nueva elite política y social, una casta de "mandarines" del siglo XXI. Este es el caldo de cultivo de una corrupción, a la que los organismos del Estado responden mediante los mecanismos tradicionales e, incluso, con una "mano dura" infrecuente en otras partes del mundo.

A pesar de que China es el país que más aplica la pena de muerte en todo el mundo, especialmente por corrupción administrativa (más de un millar de personas son ejecutadas cada año), los miembros del Partido Comunista Chino, que cuenta con casi cien millones de afiliados, han demostrado que no les importan los graves castigos. Paralelamente cada vez se denuncian más ilícitos: solo en el 2017, 300.000 funcionarios públicos fueron sancionados de distintas formas (incluida la pena capital) tras haber sido hallados culpables.

300.000 funcionarios públicos fueron sancionados de distintas formas (incluida la pena capital) tras haber sido hallados culpables.

EDUCACIÓN VERSUS CORRUPCIÓN

Tal como lo muestra el caso de China, la mano dura no es garantía para terminar con la ilicitud en el marco del Estado; entonces, ¿cuál es la fórmula para revertir este problema?

Si hacemos un ejercicio simple, cruzando datos entre países honestos y naciones más educadas, encontraremos similitudes muy llamativas. De acuerdo al ranking anual de la ONG Transparency International, los Estados menos corruptos del planeta son Nueva

Zelanda, Dinamarca, Finlandia, Suecia, Suiza, Noruega, Singapur, Holanda, Canadá, Alemania, Reino Unido y Japón.

Entretanto, de acuerdo al Programa Internacional para la Evaluación de Estudiantes, conocido como "PISA", Finlandia encabeza la mayoría de los certámenes, secundada por Japón, Reino Unido y Singapur, tres referentes ineludibles a nivel planetario. Otros de los sistemas educativos que solemos encontrar en los primeros puestos del ranking mundial corresponden a Canadá, Holanda, Suiza, Nueva Zelanda, Dinamarca, Suecia y Alemania.

A partir de estas investigaciones, queda claro que la lucha contra la corrupción no puede darse en el corto plazo únicamente, sino que deben implementarse estrategias de mediano y largo plazo para que, realmente, haya cambios sustanciales promovidos por la enseñanza. Si a los futuros ciudadanos se les inculca desde niños una educación en valores anticorrupción (como la honestidad, la transparencia, el civismo y el respeto a la ley), es probable que, ya de adultos, tengan una menor tendencia a involucrarse en actos ilícitos.

A partir de estas investigaciones, queda claro que la lucha contra la corrupción no puede darse en el corto plazo únicamente, sino que deben implementarse estrategias de mediano y largo plazo para que, realmente, haya cambios sustanciales promovidos por la enseñanza.

LA CORRUPCIÓN ATENTA CONTRA EL MEDIOAMBIENTE

Stephen Hawking, uno de los científicos más reconocidos a nivel mundial, sostiene que el calentamiento global plantea un futuro en el que la humanidad tendrá dificultades para subsistir en la Tierra. Asimismo, asegura que, de continuar la actual tendencia, en los próximos cien años, los seres humanos deberíamos abandonar el planeta.

Los países con mayor cantidad de delitos ecológicos pueden tener, formalmente, una legislación destinada a proteger el medioambiente, pero de poco sirve si los encargados de que se cumpla son fácilmente sobornados.

La violación de estos derechos de la humanidad a un ambiente saludable otorga una ventaja económica ilegítima en los mercados internacionales. Uno de los mayores cuestionamientos que se le hace a la República Popular China, ante sus pedidos de ser reconocida como economía de mercado, es que logra un "plus" comercial al permitirles a las firmas locales y transnacionales la depredación de su propia agua, tierra y aire.

Según el Índice de Percepción de la Corrupción 2016 de Transparencia Internacional, "más de dos tercios de los 183 países y territorios clasificados obtuvieron una puntuación inferior a 5", donde 0 es sumamente corrupto y 10, muy transparente. Resulta evidente que ninguna región del mundo está exenta de los peligros de la corrupción que, en la práctica, se vuelven devastadores para la sustentabilidad del medioambiente, como lo ponen en evidencia algunos datos:

Según el Índice de Percepción de la Corrupción 2016 de Transparencia Internacional, "más de dos tercios de los 183 países y territorios clasificados obtuvieron una puntuación inferior a 5", donde 0 es sumamente corrupto y 10, muy transparente.

- Cada dos segundos, la tala ilegal destruye en nuestro planeta un área forestal del tamaño de un estadio de fútbol. En muchos casos, el soborno está presente a lo largo de toda la cadena, desde el bosque hasta el puerto y, a menudo, se hace uso de documentos fraudulentos para llevar la voluminosa madera ilegal más allá de las fronteras.

- Los delitos contra los pulmones selváticos afectan a las comunidades locales que, generación tras generación, vivieron bajo la protección de las áreas verdes. Se estima que más de mil millones de personas dependen de los bosques para su sustento, por lo que cualquier actividad ilegal supone un impacto directo sobre la séptima parte de la población planetaria.

- La tala ilegal a esa escala genera una pérdida de la biodiversidad y aumenta las emisiones de carbono que contribuyen al cambio climático. Los científicos han comprobado que la temperatura de la Tierra subió, en los últimos cien años, entre uno y dos grados centígrados promedio. Si se mantiene esta tendencia, hacia fines de este siglo, desaparecerán por completo las masas de hielo tanto de la Antártida como del Polo Norte.

- El tráfico de especies de fauna en peligro de extinción, minerales y piedras preciosas está también vinculado a la corrupción. Solamente en Asia, el valor de la venta de marfil de elefante, cuerno de rinoceronte y pieles de tigres ascendió a cientos de millones de dólares.

LA VISIÓN DEL PAPA FRANCISCO

Una de las figuras mundiales que más tiempo y esfuerzo dedicó a estudiar y desentrañar el fenómeno de la corrupción es el Papa Francisco. Este tema lo desvela y lo obsesiona desde cuando Jorge Mario Bergoglio era arzobispo de Buenos Aires. Ya en el prólogo de su libro *Corrupción y pecado* (editado en 2005), fue muy preciso: "El corrupto ha construido una autoestima basada en actitudes tramposas; camina por la vida por los atajos del ventajismo a precio de su propia dignidad y la de los demás. El corrupto tiene cara de 'Yo no fui', 'cara de estampita', como decía mi abuela. Merecería un doctorado *Honoris causa* en cosmetología social. Y lo peor es que termina creyéndoselo. ¡Y qué difícil es que allí entre la profecía! Por ello, aunque digamos: 'Pecador, sí', gritemos con fuerza: '¡Pero corrupto no!'". En el mismo texto, para definir el prototipo de funcionario corrupto, el Sumo Pontífice desnuda sus principales "cualidades": "Una de las características del corrupto frente a la profecía es un cierto complejo de incuestionabilidad. Ante cualquier crítica, se pone mal, descalifica a la persona o institución que la hace; procura descabezar toda autoridad moral que pueda cuestionarlo; recurre al sofisma y al equilibrismo nominalista-ideológico para justificarse; desvaloriza a los demás, y arremete con el insulto a quienes piensan distinto". Y es claro al afirmar que "el pecado se perdona, pero la corrupción no puede ser perdonada".

El corrupto tiene cara de "Yo no fui", "cara de estampita", como decía mi abuela. Merecería un doctorado *Honoris causa* en cosmetología social.

Esta línea de pensamientos es la que anima sus expresiones como Papa, las cuales expone en su encíclica *Laudato si'* que, a mi entender, no es solamente una "encíclica verde" o "ecológica", como ha sido calificada por algunos medios de prensa, sino principalmente un llamado a superar la concepción egoísta y deshumanizante que hoy predomina en la "sociedad del vértigo". Se trata de una concepción denominada también "cultura del descarte", y que él propone reemplazar por una "cultura del cuidado". En síntesis, interpreto este posicionamiento de Francisco como una convocatoria a recuperar y fortalecer los valores éticos como guía de la convivencia en todo el planeta.

En este mismo sentido está encaminada la propuesta del Poder Moral.

Capítulo 6

Nadie puede llevar consigo al otro lado ni el dinero, ni el poder, ni el orgullo ni la vanidad, ¡nada! Solo podemos llevar con nosotros el amor que Dios nos da, las caricias de Dios aceptadas y recibidas por nosotros con amor y todo lo que hemos hecho por los demás. ¿Una persona corrupta será feliz en el otro lado? ¡No! Todos los frutos de su corrupción han corrompido su corazón. ¡Será difícil ir hacia Dios!

(Papa Francisco)

UN CONVENCIMIENTO DE VIEJA DATA

Una de las más grandes falencias que tiene la clase política argentina es su incapacidad para anticiparse a problemas que nos agobiarán en un futuro inmediato. Enfrascada en el día a día y en el vértigo de la gestión, no ha sido capaz de vislumbrar cómo fenómenos tan graves como la corrupción y el narcotráfico se iban metiendo de a poco en el tejido social para modificarlo de manera sustancial. Así, nuestros dirigentes se chocan con los problemas, que se los llevan por delante. Quienes gobiernan solo toman nota de estos cuando ya es demasiado tarde. Por mi parte, en cambio, me convertí en un estudioso y entusiasta buceador de la prospectiva.

Así, nuestros dirigentes se chocan con los problemas, que se los llevan por delante.

Todo comenzó en 1976, al inicio de la Dictadura. Nos tuvimos que esconder en la casa de un dirigente; allí encontré una biblioteca que tenía muchas novelas, que no me interesaron, pero también descubrí libros de prospectiva, palabra cuyo significado desconocía completamente en ese momento. Empecé a leerlos, y me entusiasmé al darme cuenta de lo importante que era. Se trataba de un método que suponía el estudio sistémico del futuro. Entonces, me pregunté cómo podía ser que en nuestro país no se estudiara esto. Para ese momento, en Europa ya era una materia común.

Con el retorno de la democracia tuve la oportunidad de poner en práctica algo de lo que había estudiado. Cuando fui electo en 1987 diputado nacional por mi distrito, comencé a darme cuenta de que la problemática de la corrupción sería uno de los grandes flagelos que inexorablemente enfrentarían las diferentes administraciones públicas de la Argentina si las cosas seguían por el mismo camino.

Comencé a darme cuenta de que la problemática de la corrupción sería uno de los grandes flagelos que inexorablemente enfrentarían las diferentes administraciones públicas de la Argentina si las cosas seguían por el mismo camino.

Caracterizada como uno de los obstáculos más importantes para promover el crecimiento económico sostenible de un país y reducir ostensiblemente los niveles de la pobreza, no existe otra práctica más indignante, para cualquier ciudadano de la Argentina o de otra región del mundo, que ver cómo algunas personas se aprovechan de los bienes públicos para hacer su fortuna personal. Este fenómeno se fue agravando con el correr de los años, y la promesa de "pulverizar" este problema nunca pudo ser cumplida. Por el contrario, terminamos la última década con un sistema demasiado parecido a la denominada "cleptocracia" o "gobierno de los ladrones".

Desde entonces, he emprendido una acción permanente con el propósito de indagar las causas que originan la corrupción, y encontrar las respuestas adecuadas para garantizar, en los ámbitos estatal y privado, la preservación de la ética como valor fundamental.

1987: CREACIÓN DE UN CONSEJO PARA LA MORALIZACIÓN DE LAS ACTIVIDADES ESTATALES

Durante mi mandato como vicepresidente primero de la Cámara de Diputados de la Nación, presenté un proyecto de ley para crearlo. Al ver el título: "Consejo para la moralización de las actividades estatales", el por entonces Presidente de la Cámara Baja, el radical Juan Carlos Pugliese, se sorprendió un poco, y me hizo una recriminación pensando que estaba formulando una crítica directa al Gobierno de su partido. Tuve que explicarle que me estaba refiriendo a todo tipo de administraciones: nacionales, provinciales, y también municipales. Seguidamente le aclaré: "Leé los considerandos y te vas a dar cuenta de que, en realidad yo estoy apuntando al futuro. Creo que, en las próximas décadas, si no hacemos nada, el Estado se va a convertir en un ámbito de ilicitud".

Creo que, en las próximas décadas, si no hacemos nada, el Estado se va a convertir en un ámbito de ilicitud.

Desgraciadamente, este proyecto no llegó a aprobarse, pero la problemática que le dio vida aún mantiene plena vigencia, y solo falta que juntos nos pongamos a trabajar para cambiar el rumbo, y así mejorar el presente y futuro de nuestro pueblo.

Los fundamentos para la creación de este Consejo sostenían lo siguiente:

La Argentina atraviesa una profunda crisis cuya naturaleza excede los marcos de lo social y de lo económico, y sus visibles consecuencias. Se trata, antes bien, de una crisis moral que abarca a toda la comunidad y que es la causa central de la decadencia espiritual y material de la Nación. Lo que empezó siendo, en tiempos de la última dictadura militar, 'la patria financiera' — así la denominábamos— , paulatina y crecientemente, se ha ido consolidando como una cultura rentística o especulativa. La idea nuclear de esta nueva cultura en el país es que los hombres pueden obtener riqueza sin trabajar. Los modelos sociales y hasta los permanentes mensajes que se emiten por los medios masivos de comunicación — tanto estatales como privados— reafirman el carácter improductivo, parasitario y hedonista que conforma esta cultura rentística.

En el hombre agobiado, en la familia desestructurada y en la sociedad en crisis, anida la violencia cotidiana como una amenaza al orden y a las instituciones de la República.

Estamos ante un fenómeno — ya vivido por otros pueblos y naciones del mundo— en el que toda una sociedad ha sufrido una regresiva transformación cultural: la pérdida del valor del concepto del trabajo. La desaparición de este concepto como ordenador de las relaciones sociales es, precisamente, la causa de la decadencia argentina.

La especulación financiera sin límites — puesto que, de hecho, ha desaparecido el delito de usura en la República— , la creciente marginalidad, tanto social como económica, la explosión de la criminalidad a la que asistimos en los últimos años, todo ello acompañado por un deterioro permanente en la calidad de vida de los argentinos, conforman un panorama social de extrema gravedad. En el hombre agobiado, en la familia desestructurada y en la sociedad en crisis, anida la violencia cotidiana como una amenaza al orden y a las instituciones de la República.

El Estado nacional, desde ya, no ha escapado a este proceso. Atrapado por el sistema perverso de la cultura rentística, que solo puede generar violencia y corrupción, el Estado se ha convertido también en un ámbito de ilicitud. Así, desde los propios poderes de la República, se denuncian actos ilícitos cometidos por funcionarios, cuyas conductas, de no sancionarse ejemplarmente, contribuyen a consolidar el citado proceso de corrupción y violencia. Estos comportamientos ilícitos atentan contra las bases mismas del sistema democrático, por cuanto siembran la desconfianza de la sociedad a los gobernantes y al poder corrector de la Justicia.

Es por estas razones, entonces, que se hace necesario establecer mecanismos aptos que hagan posible castigar de modo severo aquellos procederes que hoy parecen escapar, por defecto legal o por aparente inoperancia institucional, a la justa condena a que —en el sentir del hombre común— aquellos se hacen acreedores.

Se hace necesario establecer mecanismos aptos que hagan posible castigar de modo severo aquellos procederes que hoy parecen escapar, por defecto legal o por aparente inoperancia institucional, a la justa condena.

En el artículo 1.° del proyecto de ley, dejé establecido que la misión del Consejo sería la de contribuir a la elaboración de los mecanismos que permitieran sancionar adecuadamente aquellas conductas que configuraran una transgresión al comportamiento que socialmente corresponde exigir de todo individuo o institución que resulte, directa o indirectamente, titular de una retribución o beneficio otorgado por el Estado Nacional.

En el artículo 2.°, plasmé quiénes tendrían, a mi criterio, que conformar el Consejo. Lo integrarían 33 miembros distribuidos de la siguiente manera: 6, a propuesta del Honorable Senado de la Nación; 6, a propuesta de la Honorable Cámara de Diputados de la Nación; 2, a propuesta de la Corte Suprema de Justicia de la Nación; 2, a propuesta del Poder Ejecutivo nacional con rango no inferior a secretario; 1, a propuesta del Tribunal de Cuentas de la Nación; 4, a propuesta de las entidades empresarias más representativas; 1, a propuesta de la Fiscalía Nacional de Investigaciones Administrativas; y 1, a propuesta de la Federación Argentina de Consejos Profesionales de Ciencias Económicas.

Para los artículos 4 y 5, reservé las funciones y facultades que tendrían los miembros del Consejo: asesorar a los tres poderes del Estado nacional, así como también elaborar estudios, propuestas y anteproyectos normativos vinculados a la misión. Entre sus principales facultades estarían las de solicitar informes, encomendar estudios y organizar conferencias.

Me sentía verdaderamente frustrado porque no entendía cómo nadie se daba cuenta de lo que se acercaba. Para mí, era muy claro que la corrupción ya se estaba instalando.

1990: CREACIÓN DE LA COMISIÓN PARA LA RECUPERACIÓN ÉTICA DE LA SOCIEDAD Y DEL ESTADO

Tras haber sido electo vicepresidente de la Nación, me sentía verdaderamente frustrado porque no entendía cómo nadie se daba cuenta de lo que se acercaba. Para mí, era muy claro que la corrupción ya se estaba instalando. Entonces, decidí hacer algo por fuera de la estructura parlamentaria y del Poder Ejecutivo. Convoqué a la que para mí fue la Comisión más importante que se creó en la República Argentina. Tendría carácter consultivo y honorario, y yo sería su presidente. Sus conclusiones y recomendaciones sobre cómo enfrentar la corrupción (incluido el narcotráfico) fueron elevadas al Poder Ejecutivo Nacional en diciembre de 1990.

Me acompañaron las siguientes personas:

• Dr. RICARDO LEVENE (h). Fue un abogado y ministro de la Corte Suprema de Justicia de Argentina.

• Dr. GUILLERMO BORDA. Fue un renombrado jurista argentino dedicado principalmente al estudio del Derecho Civil.

• Dr. RAÚL MATERA. Fue un prestigioso neurocirujano argentino, que también dedicó gran parte de su vida a la política.

• Dr. FERNANDO DE LA RÚA. Fue un abogado y político argentino de la Unión Cívica Radical. Fue también el primer jefe de Gobierno de la Ciudad de Buenos Aires y expresidente de la República Argentina.

• Dr. GUSTAVO BÉLIZ. Es un político argentino, abogado y periodista. Exministro del Interior de Carlos Menem y exministro de Justicia de Néstor Kirchner.

• Dr. PEDRO FRÍAS. Fue un abogado, constitucionalista y profesor titular de derecho constitucional en la Universidad Católica de Córdoba y en la Universidad Nacional de Córdoba.

• Dr. RENÉ FAVALORO. Fue un prestigioso educador y cardiocirujano argentino, reconocido mundialmente por ser quien desarrolló el baipás coronario.

• Dr. JULIO OLIVERA. Fue un economista y prestigioso doctor en Derecho Argentino.

• Ing. ALBERTO CONSTANTINI. Fue un ingeniero y político argentino que ejerció como ministro de Obras y Servicios Públicos durante la presidencia de Arturo Frondizi, entre 1959 y 1961.

• Ing. MARCELO ZAPIOLA. Ingeniero Civil. Primer rector de la Universidad del Comahue, fundada en 1972. Presidente de la Acción Católica Argentina desde 1987 hasta 1993.

• Dr. MARCELO LASCANO. Economista. Doctor en Derecho y en Ciencias Sociales. Posgrado en Economía Monetaria y Bancaria. Profesor de la Facultad de Ciencias Económicas de la UBA.

• Dr. ALBERTO GONZÁLEZ ARZAC. Fue un abogado constitucionalista, ensayista, y militante político, comprometido con las ideas que pregonaba el peronismo y defensor férreo de la Constitución Nacional de 1949.

• Gral. (RE) HERIBERTO AUEL. Militar y docente. En 1983, durante el Gobierno de Raúl Alfonsín, fue convocado al Estado Mayor Conjunto de las Fuerzas Armadas como Jefe del Departamento Políticas y Estrategias. Se retiró en 1998 luego de 40 años de servicio.

COORDINADOR

- Dr. HORACIO D. PACHECO. Doctor pediatra. Me acompañó en la intendencia de Lomas de Zamora, en la gobernación bonaerense y en la Presidencia de la Nación. En el municipio desempeñó funciones como director de Minoridad y Familia, subsecretario de Salud Pública y secretario de Acción Social. Luego fue ministro de Salud de la provincia de Buenos Aires. A nivel nacional, fue coordinador de la Comisión Nacional de Políticas de Familia, subsecretario de Planificación de la Sedronar y director del PAMI.

Esta es una síntesis de las recomendaciones que sugirió la Comisión:

Recomendación N.º 1: Sobre el "Enriquecimiento ilícito de funcionarios públicos", por el Dr. Ricardo Levene (h)

Claro está que el Estado podrá pedir al funcionario que entre y salga de su servicio con un patrimonio limpio, y que rinda cuenta de su gestión, ya que no solo los administrados tienen derechos y obligaciones.

El Estado podrá pedir al funcionario que entre y salga de su servicio con un patrimonio limpio, y que rinda cuenta de su gestión, ya que no solo los administrados tienen derechos y obligaciones.

Entendemos que, con este proyecto, los funcionarios probos y honestos encontrarán la mejor forma de rechazar las acusaciones injustas de que fueren objeto; que se dignificará el ejercicio de la función pública, se acrecentará en el pueblo la confianza de sus mandatarios, y que, en consecuencia, se consolidará nuestro régimen republicano de gobierno y sus instituciones.

Recomendación N.º 2: Sobre la "Producción y empleo", por el Dr. Julio H. G. Olivera

A fin de proporcionar ese necesario punto de apoyo, el proyecto prevé la constitución de un órgano de asesoramiento integrado por entidades públicas e institutos de investigación especializados en estudios de coyuntura.

Otro aspecto importante del articulado es la formación de lo que puede denominarse "banco de proyectos", en un sentido semejante al que posee la locución usual "banco de datos"; es decir, una reserva de proyectos de inversión completamente especificados y listos para ser puestos en vigencia si sobreviene una fuerte caída de la actividad económica. Este modo de proceder, que evita improvisaciones o demoras perjudiciales, ha sido practicado con éxito en Suecia durante los últimos decenios.

La plena utilización de la capacidad productiva estimula la acumulación del capital y acelera el crecimiento económico.

Toda persona que haya tenido vinculación con el Estado nacional como proveedor, contratista, consultor o querellante no deberá asumir cargos públicos por un período de 5 (cinco) años posteriores a la terminación fehaciente del ejercicio de esas actividades.

Recomendación N.º 3: Sobre el "Régimen de incompatibilidades morales y económicas", por el Ing. Alberto Constantini

Que toda persona que haya tenido vinculación con el Estado nacional como proveedor, contratista, consultor o querellante no deberá asumir cargos públicos por un período de 5 (cinco) años posteriores a la terminación fehaciente del ejercicio de esas actividades.

Que tampoco debería poder contratar, con el Estado nacional como proveedor contratista, consultores o concesionarios, las empresas que tengan profesionales que sean o hayan ejercido cargos en el Estado nacional.

Por todo ello se deberá sancionar una ley de incompatibilidades morales y económicas, para poder ejercer cargos públicos y/o para ser proveedor, contratista, consultor, abogado o contador de firmas que contraten con el Estado.

Recomendación N.º 4: Sobre "Contratos de colaboración empresaria", por el Dr. Alberto González Arzac

Cuando se inscribe una Unión Transitoria de Empresas (UTE) en el registro público de comercio, permanece en total ignorancia el monto de las inversiones realizadas, así como también el resultado de estas. Se ignora la fecha de finalización del contrato, que debería tener una duración igual a la de la obra. Por ello hemos caído en casos como los de las construcciones de las presas hidroeléctricas de Yacyretá y de Piedra del Águila. Las UTE deben ser fiscalizadas, como cualquier otra sociedad constituida.

Recomendación N.º 5: Sobre el "Control de los aportes privados a los partidos políticos", por el Dr. Fernando de la Rúa

Se limita la cantidad de aportes que los particulares puedan realizar a los partidos políticos. El proyecto trata de cubrir esta necesidad centralizando el control de los fondos, y exigiendo a su vez la creación de un ente específico en cada partido político para el manejo de los aportes privados, la comisión de financiamiento.

Esta ley quiere avanzar hacia el objetivo de lograr, a través de un adecuado control institucional (y, sobre todo, de la publicidad de los aportes y de los gastos), una mayor transparencia en nuestras prácticas políticas.

Recomendación N.º 6: Sobre "Juicio de residencia de los funcionarios públicos", por el Dr. Julio H. G. Olivera

Quedan sujetos a juicio de residencia todos los funcionarios federales con categoría equivalente o superior a director nacional, con la única excepción del Presidente de la República. Se incluyen en esta norma las entidades autárquicas y empresas del Estado nacional.

Recomendación N.º 7: Sobre el "Potencial corruptor del narcoterrorismo", por el Gral. (RE) Heriberto Auel

La Comisión recomienda considerar la amenaza del narcoterrorismo como factor de alto potencial de corrupción organizada contra el Estado argentino, en esta situación de crisis generalizada. Asimismo, recomienda considerar un estricto control sobre el fenómeno de la droga, considerándola no solo como un problema de salud de los drogadictos, sino también como un problema de defensa nacional.

La Comisión recomienda penar severamente la corrupción de los funcionarios públicos.

Recomendación N.º 8: Sobre "La protección de los valores sociales y la moral pública", por el Dr. Guillermo Borda y por el Dr. Pedro J. Frías

La Comisión recomienda penar severamente la corrupción de los funcionarios públicos. Extender el derecho de pedir la exhibición de la declaración jurada de bienes de los funcionarios públicos, no solo al presidente y a los ministros, tal como está previsto en el proyecto del doctor Levene y en el del Poder Ejecutivo, sino también a los secretarios y subsecretarios de Estado y a los directores de las empresas estatales de servicios públicos.

La disposición de gastos reservados solo por el señor presidente de la Nación, con exclusión de cualquier otra categoría; la atribución de gastos de representación solo a las más altas investiduras del Estado, según sus deberes específicos, con cargo de rendir cuentas.

Recomendación N.º 10: Sobre la "Corrupción en el sector público y privado", por el Dr. Gustavo Béliz

La Comisión recomienda que se dé viabilidad a la realización de un curso dictado por el INAP, relativo a la corrupción en el sector público y privado.

Dicho curso consiste en los siguientes temas: una definición de la corrupción desde diferentes ópticas (etimológica, fenomenología, etcétera); los sujetos participantes en esta; las manifestaciones de la corrupción; la normativa en relación a la corrupción; las consecuencias sociales del fenómeno; las posibles formas de defensa del ciudadano y, por último, la corrupción y los medios de comunicación.

La amplitud temática que abarca en su conjunto estos siete puntos permite la posibilidad de encarar el problema de la corrupción desde el lugar más estratégico: la función educativa.

Recomendación N.º 12: Sobre "Declaraciones juradas patrimoniales del personal de la administración pública", por el Dr. Horacio D. Pacheco

Por ello, los funcionarios públicos deberán presentar declaraciones juradas de bienes cada año, para comprobar cómo ha evolucionado su patrimonio personal y familiar mientras se desempeñaron en los más altos cargos del Estado.

1990: EL ESCÁNDALO DE LOS GUARDAPOLVOS

Cuando en febrero de 1990 se conoció el escándalo por la compra un millón trescientos mil guardapolvos para alumnos económicamente vulnerables de distintas escuelas públicas del país, pedí una investigación profunda y el castigo a los responsables. Como se recordará, la operación se realizó desde el Ministerio de Salud y Acción Social de la Nación. La empresa beneficiada, Herrera Hermanos S.A., estaba inactiva desde hacía dos años. Su capital no alcanzaba el precio de un guardapolvo y no había presentado balances, ni siquiera certificación de su existencia. Su presidente era un indigente. Quince años después, en 2005, la Sala II de la Cámara Federal condenó a tres años de prisión a dos exfuncionarios y a dos empresarios por las maniobras perpetradas.

1990: DERRIBAR MUROS PARA FOMENTAR LA INTEGRACIÓN

El 3 de diciembre de 1990, llegaba al país, después de treinta años, un presidente de los Estados Unidos, George Bush padre. Como vicepresidente de la Nación y titular del Senado, me tocó recibirlo en el recinto mayor del Parlamento argentino. En aquel entonces, el mundo respiraba nuevos aires de libertad y optimismo tras la caída del Muro de Berlín, un año antes, y el fin de la llamada "Guerra Fría". Sin embargo, a pesar de la enorme ilusión y entusiasmo que reinaba, aproveché ese momento histórico para formular serias advertencias sobre lo que ya se vislumbraba: el crecimiento exponencial de la corrupción, el materialismo a ultranza y el avance del narcotráfico.

En el marco de este contexto histórico formulé serias advertencias sobre lo que ya se vislumbraba: el crecimiento exponencial de la corrupción, el materialismo a ultranza y el avance del narcotráfico.

Aquí extraigo una parte del discurso de bienvenida:

La drogadependencia amenaza a las jóvenes generaciones. La juventud es la víctima elegida por estos males de fin de siglo. La violencia, la delincuencia infantil y juvenil, las adicciones, el suicidio, el incremento de las enfermedades mentales son los síntomas desgarradores con los que los jóvenes expresan su angustia existencial. De esta dolorosa realidad surge el fundamento de nuestra convicción de que está pendiente una revolución ética, que implica el desarrollo de los valores del espíritu. ***En conclusión, es necesario desarrollar un poder, hoy adormecido, pero consustancial con el hombre: el Poder Moral. Porque, sin su desarrollo y preservación, el progreso económico y científico carece de sentido final.***

A pesar de mis advertencias, un cuarto de siglo más tarde, Estados Unidos y algunos países europeos parecen no haber aprendido la elección de Berlín. Estas potencias occidentales se obstinan en volver a erigir grande muros y pabellones, que solo cosecharán más odio, resentimiento y desintegración.

1991: SWIFTGATE: "NO VOY A SER CANDIDATO A GOBERNADOR, SI ESTO NO SE ACLARA"

Cuando en enero de 1991 estalló el denominado "Swiftgate", expresé que no iba a presentar mi postulación para gobernar la provincia de Buenos Aires, si no se aclaraba qué había ocurrido con esa grave acusación. Concretamente, autoridades de Estados Unidos aseguraban que habían existido solicitudes de aportes económicos por parte de un representante del Gobierno argentino a una empresa norteamericana aquí radicada. La sociedad que recibió la demanda de dinero, Swift-Armour, pertenecía a una de las principales compañías alimentarias de origen estadounidense (Swift & Company).

En un reportaje que me hicieron por esos días, que reprodujo el diario *La Nación* en su edición del 11 de enero de 1991, queda muy en claro cuál era mi sentir respecto del momento que estaba viviendo el país:

- *Es imprescindible una nueva organización de justicia.*
- *En estos hechos, como en tantos otros, estamos intoxicados de palabras.*
- *Encaramos la parte teórica de la recuperación ética del Estado y de la sociedad.*
- *Tenemos que ir a los papeles.*
- *Este es un caso claro de corrupción, ya sea de un empresario o de algún funcionario del Estado y, por lo tanto, yo, el único por el que pongo las manos en el fuego es el Presidente y su decisión de terminar con esto.*
- *Hay una mora en el Parlamento.*
- *A mí me molesta cuando escucho a los legisladores de todos los partidos cacarear con este tema permanentemente, y no se dan cuenta de que están durmiendo en las cámaras proyectos que pueden atacar este problema.*
- *Las leyes argentinas son absolutamente insuficientes para atacar el problema de la corrupción.*
- *No me vengan a macanear con que el Código Penal sirve: no sirve.*

Los jueces no se pueden seguir eligiendo porque son amigos de los senadores, o de los diputados, o del presidente, o del vicepresidente.

- *Los jueces no se pueden seguir eligiendo porque son amigos de los senadores, o de los diputados, o del presidente, o del vicepresidente.*
- *Acá tiene que existir una carrera judicial que permita un poder verdaderamente respetable y respetado.*

Mientras tanto, en la edición de *Clarín* de la misma fecha, también señalé:

- *Todas estas ollas que se destapan están destinadas a terminar con el tema porque, si la democracia no acaba con la corrupción, esta la irá mellando, hasta terminar con ella.*
- *Acá hay una grave falencia; no se trata de tirarse el fardo unos a otros, sino de terminar de atacar este problema con leyes.*

Todas estas ollas que se destapan están destinadas a terminar con el tema porque, si la democracia no acaba con la corrupción, esta la irá mellando, hasta terminar con ella.

- *En materia de pruebas, es un desastre porque no termina preso nadie, y se va consagrando la impunidad.*

Finalmente, la crisis tuvo sus consecuencias. El Gobierno argentino adoptó una serie de medidas a fin de evitar repercusiones negativas en los inversores externos. El asesor presidencial Emir Yoma debió renunciar a su cargo y, poco después, Antonio Erman González dejó el Ministerio de Economía en manos del entonces canciller Domingo Felipe Cavallo.

1992: DECÁLOGO INSPIRADO EN EL DOCTOR RENÉ FAVALORO

En septiembre de 1991, tras haber sido electo como gobernador de la Provincia de Buenos Aires (un territorio que contiene al cuarenta por ciento de los argentinos), establecí un decálogo de conceptos muy sólidos que iban a marcar mi desempeño y el de mis colaboradores.

- Eliminar la corrupción estructural.

- Construir un ámbito de convivencia con todos los elegidos para ocupar cargos legislativos y con los partidos de los que provienen.

- Arraigar, en nuestra provincia, a sus habitantes en los municipios del interior y realizar, en el conurbano, una profunda regularización dominial.

- Crear un ministerio de la producción y direcciones de producción en todos los municipios.

- Crear estructuras en todos los municipios para prevenir la drogadependencia.

- Crear más cárceles, debido al incremento de la criminalidad.

- En materia de salud, crear hospitales y garantizar su buen funcionamiento.

- En materia educacional, crear establecimientos educativos funcionales.

- Lograr que la totalidad de nuestros legisladores nacionales se comprometan a trabajar juntos para reformular la coparticipación federal que hemos perdido.

- Ser representante el Banco Provincia (que ha sido creado para ser puente del desarrollo) del campo, de la industria y del comercio.

En paralelo, lo llamé al doctor Alfonsín; le mostré el decálogo y le anuncié que también estaba dispuesto a compartir la administración con la propia oposición. Aproveché el franco diálogo que se había establecido entre ambos para ofrecerle gobernar juntos.

1996: UNA LEY PARA CASTIGAR LA CORRUPCIÓN

Ya en mi cargo de gobernador bonaerense y, para no ser sorprendido en mi propia administración por este tipo de fenómenos que vengo describiendo, impulsé el Decreto 4041/96.

A manera de ejemplo, basta recordar una parte de su texto:

> *... que incluyan, en los contratos que celebren, cláusulas mediante las cuales se deje expresamente a salvo la potestad del Poder Ejecutivo para revocarlos en sede administrativa cuando se comprobare la existencia de graves irregularidades que hubiesen posibilitado la obtención indebida de ventajas por parte del cocontratante; y/o la existencia de vicios conocidos por el cocontratante particular que afectaran originariamente al contrato, susceptible de acarrear su nulidad; y/o que el contrato fue celebrado mediando prevaricato, cohecho, violencia o cualquier otra maquinación fraudulenta que diera lugar a la acción penal o que fuere objeto de condena penal... No habrá lugar a reconocimiento en sede administrativa de*

indemnizaciones de daños y perjuicios derivados de la revocación de los contratos por razones de ilegitimidad en las condiciones establecidas por el presente decreto.

El Poder Moral debería abarcar a toda la política y sociedad argentinas. Es necesario revertir esa "naturalización" de conductas que, más temprano que tarde, socavan los cimientos del edificio institucional y de la vida en comunidad.

Estoy convencido de que hay que retomar tradiciones y valores que hemos descuidado o (a veces, me temo) incluso abandonado. Sigo creyendo que el ADN de la sociedad argentina está en la familia, el espíritu de servicio y el esfuerzo del trabajo, que promueven y permiten que se desarrollen las virtudes morales, para que la sociedad crezca sana.

2001: LA CRISIS TERMINAL DE LA ARGENTINA

A fines de octubre de 2001, dos meses antes del colapso social y económico que vivimos, en un reportaje que me hizo el diario *El País* de España, señalé con inocultable fastidio: "Somos una dirigencia de mierda, en la que me incluyo. Este es mi pensamiento. Y la gente dice cosas peores de nosotros: nos llaman *corruptos, delincuentes, incapaces, mediocres, vendepatrias*... Todos los calificativos que usted quiera. Esto es lo que la gente piensa de la clase política".

"Somos una dirigencia de mierda, en la que me incluyo. Este es mi pensamiento. Y la gente dice cosas peores de nosotros: nos llaman *corruptos, delincuentes, incapaces, mediocres, vendepatrias*... Todos los calificativos que usted quiera. Esto es lo que la gente piensa de la clase política".

Dije también en aquella entrevista, refiriéndome a la situación del Partido Justicialista: "Si no podemos resolver nuestros conflictos internos, menos podremos resolver los externos". Hoy, casi 22 años después, pienso lo mismo. ¿Es el destino de nuestra generación política dar vueltas una y otra vez a la noria, sin avanzar ni un metro y enterrándonos cada vez más en cada vuelta?

Pienso que no. Pienso que podemos cambiar y romper ese aparente destino repetitivo. ¿Cómo? No es fácil, pero tampoco imposible.

2002: EL COGOBIERNO Y EL DIÁLOGO ARGENTINO

Tras la aguda crisis social y económica de fines de 2001, en la Argentina logramos establecer la llamada "Mesa del diálogo", donde participaron, prácticamente, todos los sectores representativos de la vida nacional. La tarea reclamó mucha comprensión y paciencia. La gran labor que la Mesa realizó fue acordar las condiciones que establecieron la naturaleza del Plan Jefes y Jefas de Hogar Desocupados.

El "Diálogo Argentino", a pesar de las dificultades del momento, cumplió una labor excepcional y ayudó a generar un clima de mayor comprensión de la magnitud de nuestra crisis.

El "Diálogo Argentino", a pesar de las dificultades del momento, cumplió una labor excepcional y ayudó a generar un clima de mayor comprensión de la magnitud de nuestra crisis. En el gabinete del Gobierno nacional, el radicalismo estaba representado por Jorge Vanossi y por Horacio Jaunarena, además de otros subsecretarios y funcionarios.

El otro partido con representación parlamentaria que se prestó a colaborar fue el FREPASO. Juan Pablo Cafiero fue vicejefe de Gabinete y cumplió un papel destacado. En realidad, mi tarea principal en aquellas primeras horas de Gobierno fue recomponer el diálogo. Mientras el equipo económico trabajaba día y noche encerrado en los despachos del quinto piso del Ministerio (durmiendo

Jorge Remes en su propia oficina), yo me dedicaba a hablar y, esencialmente, a escuchar a todo el mundo. Eran momentos de suma tensión, jornadas agotadoras que quitaban horas al sueño. El resto del gabinete también hacía lo propio mientras los equipos técnicos trabajaban en medidas para considerar y adoptar.

Me ha quedado muy grabada la imagen de mí mismo, en aquellas épocas, hablando todo el tiempo con el teléfono celular, sobre todo en la residencia de Olivos o en el auto. En el trayecto desde mi casa de Lomas a la Rosada o caminando desde el chalet hasta las oficinas de la Jefatura de Gabinete o en mi despacho, en la Quinta de Olivos, me veo con el celular.

Podía escuchar, reflexionar y, sobre todo, transmitir mi obsesión de que el barco, por más agujereado que estuviera, podía navegar y repararse si todos nos sentíamos parte de esa empresa.

En los primeros días, entre la enorme cantidad de gente que deambulaba por la Casa de Gobierno y por Olivos, las reuniones (una tras otra) y las conversaciones telefónicas, las horas se me pasaban volando, y solo la sensación de hambre o de sueño me alertaba sobre los horarios.

Me confeccionaban una agenda rigurosa, y yo me encargaba de descompaginarla. Hablaba con un ministro y le decía: “Venite”. Al rato le decía lo mismo a un grupo de legisladores. Además, aparecían otros funcionarios con temas urgentes. Olivos, más que la Rosada, era un andar permanente de gente. Sin embargo, eso no me dispersaba. Podía escuchar, reflexionar y, sobre todo, transmitir mi obsesión de que el barco, por más agujereado que estuviera, podía navegar y repararse si todos nos sentíamos parte de esa empresa.

El 14 de enero, hicimos la presentación pública del Diálogo y lanzamos, a través de un mensaje en directo a la Nación transmitido por Canal 7, el Foro para la Concertación. En el patio de la hermosísima Iglesia Santa Catalina de Siena, en pleno centro porteño, se realizó ese acto, en el que me acompañaron el entonces presidente de la Conferencia Episcopal, monseñor Estanislao Karlic, y el embajador Carmelo Angulo, coordinador del PNUD (Programa de Naciones Unidas para el Desarrollo).

Quise que el Diálogo tuviese esa formalidad, que lo colocaba como una herramienta más de decisión, pero absolutamente independiente del Poder Ejecutivo Nacional. La creación de esa instancia institucional expresaba cabalmente mi convicción personal de que el diálogo y la concertación son los instrumentos adecuados para los momentos difíciles de la República.

Ese día reiteré que no sería candidato y anuncié, además, que había presentado la renuncia a mis cargos en la conducción nacional y provincial del justicialismo:

> *Quiero ser un servidor despojado de compromisos partidarios y de ambiciones futuras; quiero ser un trabajador más de esta convergencia que reúne a las principales fuerzas políticas, empresariales, laborales y sociales para enfrentar el derrumbe que nos pone en el límite de la anarquía y de la violencia fratricida.*

Quiero ser un servidor despojado de compromisos partidarios y de ambiciones futuras; quiero ser un trabajador más de esta convergencia que reúne a las principales fuerzas políticas, empresariales, laborales y sociales para enfrentar el derrumbe que nos pone en el límite de la anarquía y de la violencia fratricida.

Ese día quedó, entonces, oficializada la Mesa del Diálogo que, sumada al Parlamento, complementaba el apoyo a mi Gobierno. ¿Por qué? Porque el Congreso Nacional era insuficiente; era una estructura de poder totalmente desprestigiada frente a la población.

Yo necesitaba, entonces, que ese ámbito de diálogo, con el concurso de organizaciones con buena imagen ante la gente, llenara el vacío de representatividad institucional que padecíamos. Los cultos fueron las estructuras que, con su larga experiencia, se ofrecieron desinteresada y plenamente en aquel proceso.

La concertación había sido el eje de mi campaña presidencial 1999, y les había insistido a los dirigentes del Gobierno de la Alianza en esa idea. Sin embargo, esta nunca fue bien entendida, y menos aun aceptada.

Para mí, el consenso es el ABC de la política. Desde ya, a comienzos de 2002, fue imprescindible convocar, abrir el diálogo y concertar. Como veremos en el capítulo siguiente, los países que han institucionalizado esta metodología muestran hoy sus resultados, siempre exitosos.

Para mí, el consenso es el ABC de la política. Desde ya, a comienzos de 2002, fue imprescindible convocar, abrir el diálogo y concertar. Como veremos en el capítulo siguiente, los países que han institucionalizado esta metodología muestran hoy sus resultados, siempre exitosos.

No pienso solamente en la concertación política de la centroizquierda chilena que ha gobernado varias veces el hermano país. Pienso también en el Consejo Económico y Social español, que fue el artífice del renacer productivo de esa nación, sometida durante siglos a la cultura rentística. Ese consejo que nuclea al Estado, a los empresarios, a las organizaciones comunitarias y a los trabajadores fue diseñando las políticas activas destinadas a volver a poner de pie a esa España que se había recuperado con el turismo y con los servicios, pero que tenía aún adormecido su aparato generador de bienes.

Más recientemente, otro ejemplo exitoso de concertación política es el irlandés. La continuidad en el tiempo de ese tipo de experiencias garantiza el éxito de los programas. Obviamente, las decisiones adquieren el rango de políticas de Estado acatadas por todas las fuerzas y sectores, y no están sujetas a los vaivenes de las pujas electorales.

En la España del Pacto de la Moncloa, esas decisiones se tomaron y se respetaron sistemáticamente en las alternancias entre el Partido Socialista Obrero Español y el Partido Popular. En estos aspectos, la dirigencia argentina sigue aún en deuda con su sociedad. En mi Gobierno se abrió esa instancia, la cual no continuó, tal vez, por la fragilidad institucional del momento. Estamos lejos de ser una sociedad estable, y por ello no es bueno que el diálogo y los acuerdos sectoriales y generales sean dejados de lado una vez que se superan los momentos de mayor zozobra.

Muchas veces a uno se le presenta un problema, y ninguna solución posible es buena. En la actualidad, el Gobierno debería armar, como en 2002, una nueva mesa de diálogo integrada por el campo, los industriales, los trabajadores y las iglesias para buscar soluciones.

2002: PLAN JEFAS Y JEFES: "ESTO NO ES UN REGALO: ES UN DERECHO"

Desde la Coordinación de las Políticas Sociales que ejercía Hilda "Chiche" de Duhalde, se resolvió que el peso organizativo del Plan Jefas y Jefes recayera en el Ministerio de Trabajo, a cargo de Alfredo Atanasof, que contaba con el soporte informático del ANSES.

La tarea iba a ser ciclópea porque se había resuelto que, a partir de la segunda quincena de mayo, comenzaran a cobrar dos millones de beneficiarios en todo el país.

La tarea iba a ser ciclópea porque se había resuelto que, a partir de la segunda quincena de mayo, comenzaran a cobrar dos millones de beneficiarios en todo el país. Esto implicaba una serie de pasos organizativos y una formidable movilización de recursos humanos. Sabíamos que, en las

Era obligatorio para las familias beneficiarias enviar a los chicos a la escuela y efectuarles controles de salud. Se promocionaba el concepto de que el programa requería una contraprestación por parte del beneficiario. Se abrieron registros de empleadores en cada municipio para que las PYMES pudieran tomar a los desocupados que pertenecían al Plan.

zonas más desfavorecidas y alejadas de los centros urbanos, había que ir en busca de las familias sin empleo, porque allí la información mediática no llega. En las grandes barriadas pobres, también se daba el caso de muchísimas familias que se encontraban desocupadas y no tenían costumbre de recurrir al municipio a solicitar ayuda. Treinta días antes de empezar a pagar, debíamos tener las inscripciones para poder cruzarlas con la base de datos del ANSES, de manera de eliminar a quienes tuvieran algún ingreso.

En los dos o tres días previos a Semana Santa de 2002, se terminaron de definir los formularios de inscripción, la mecánica a utilizar y las condiciones que se impondrían a los beneficiarios. Con esa información hubo que imprimir los formularios y distribuirlos en todo el país. Significaba que había que llegar a los sitios más alejados, en la montaña, en las islas, en la estepa patagónica, en la selva misionera, etc. Se consiguieron varias imprentas que trabajaron a pleno, y hubo que utilizar aviones de la Fuerza Aérea para distribuir los formularios y la cartilla con las condiciones.

En algunos casos hubo que recurrir a pequeños servicios de transporte que estuvieran a nuestra disposición. Al mismo tiempo, se preparaba la campaña publicitaria, que debía ser muy intensiva, para lograr motivar a la gente a inscribirse y para suministrar claramente la información acerca de los requisitos que debían cumplir los que solicitaran el subsidio.

En principio, la campaña informativa se limitaba a los aspectos vinculados a la inscripción. Pero luego se amplió, incorporando otros aspectos del plan. Se hacía hincapié en que era obligatorio para las familias beneficiarias enviar a los chicos a la escuela y efectuarles controles de salud. Más adelante, se promocionaba el concepto de que el programa requería una contraprestación por parte del beneficiario. También, se abrieron registros de empleadores en cada municipio para que las PYMES pudieran tomar a los desocupados que pertenecían al Plan.

Mi gran preocupación, una vez que nos acercamos al primer día de pago, era que no tuviéramos problemas de ninguna índole, porque cualquier error sería criticado por la prensa. Los canales de aire y de cable tenían previstas cámaras en todo el Gran Buenos Aires para detectar problemas. Todo estaba en orden, chequeado, supervisado punto por punto, pero siempre el azar puede meter la cola.

El "Día D", al lanzar el plan, expliqué:

Todos conocemos bien los niveles de injusticia social y de pobreza aguda que vive nuestro país. Sabemos también que la brecha entre ricos y pobres que muestra la última encuesta permanente de hogares es la cara inhumana de un modelo económico de exclusión social que ha producido estragos en casi todos los sectores de la sociedad y que se ha ensañado particularmente con la familia argentina. El precio que se paga es alto, altísimo diría yo; lo han pagado y lo siguen pagando la mayoría de los hombres y mujeres de nuestro pueblo.

Un modelo económico de exclusión social que ha producido estragos en casi todos los sectores de la sociedad y que se ha ensañado particularmente con la familia argentina.

Atendiendo a esta realidad, la Mesa del Diálogo Argentino, en coincidencia con mis convicciones, ha aconsejado la atención prioritaria de esta problemática y hemos trabajado, entonces, en la creación de nuevos programas. Hemos analizado intensamente las posibilidades reales, buscando las mejores alternativas y ahora, en este momento, ha llegado la hora de pasar a los hechos. Y he tomado una decisión muy importante: la decisión de crear el Derecho Familiar de Inclusión Social, cuyo primer paso es el Plan para Jefas y Jefes de Hogar desocupados que no cuentan con ningún tipo de ingreso.

Son hogares indigentes, son hogares que han sido excluidos de las relaciones económicas, sociales, laborales, y muchas veces también de las relaciones educativas. Son los que más necesitan; son los hogares donde muchas veces no están garantizados los derechos humanos básicos a la vida, salud, alimentación, vestido, educación, vivienda; son los humillados, son los que claman por dignidad y por trabajo, son los hambrientos de pan y de justicia. A ellos, a los más pobres, en nombre de todos los argentinos, comenzamos a tenderles una mano solidaria. Esto no es un regalo: es un derecho; quienes reúnan los requisitos y perciban este ingreso como contraprestación deberán capacitarse e integrarse paulatinamente a actividades laborales o a actividades comunitarias.

A ellos, a los más pobres, en nombre de todos los argentinos, comenzamos a tenderles una mano solidaria. Esto no es un regalo: es un derecho.

Percibirán 150 pesos mensuales, y las condiciones para acceder al programa serán sumamente sencillas. Se trata de una verdadera estrategia que toma como eje la familia y establece por eso la obligación de concurrencia escolar y el control de la salud de los hijos. Quiero decirles que los fondos destinados a cumplir con este derecho están garantizados. Este programa se financia con impuestos a las exportaciones, la eliminación de las jubilaciones de privilegio, la reducción de la burocracia administrativa y el costo de la política. Yo sé que el camino para desterrar definitivamente la pobreza no es otro que reindustrializar el país y fomentar todas las actividades productivas, porque esto significa, para la gente, pleno empleo y buenos salarios.

Esa es nuestra meta, hacia allá nos dirigimos; en medio de un mar de dificultades, pero con la fuerza y decisión que exigen las causas nobles. Queridos compatriotas: estamos creando un nuevo derecho. En nuestro país no tenemos una experiencia que haya comprendido a tantas familias. Pronto comenzaremos a ver los resultados, y esos resultados serán mucho más elocuentes que cualquier discurso porque son los que nos ponen en el camino de una Argentina de pie y en paz.

En aquellos primeros días de pago de los subsidios, la gente hizo las largas colas sin dramatizar. Los empleados de los bancos pusieron todo el empeño para ayudar a las familias, y el objetivo se logró. En los días sucesivos, los pagos se desarrollaron también con normalidad. Al mes siguiente, el operativo de pago ya no llamó la atención, y los medios se olvidaron del tema. Eso era, para mí, la garantía de que las cosas funcionaban como debían. A la par, los listados de beneficiarios se publicaron en internet.

Ya dije que el sistema de datos de la ANSES era el ámbito en que se chequeaban esas planillas; una vez depuradas, eran, así, subidos a la página web del Ministerio de Trabajo, donde podía accederse a esa valiosa información.

Sin duda, el Programa para Jefas y Jefes de Hogares Desocupados fue el mayor plan social de la historia argentina, con 2.200.000 beneficiarios y con un presupuesto anual de más de $3.500.000.000. Y, en sus características, es también el mayor de América Latina. El Plan de Asistencia a Desprotegidos de México y las iniciativas brasileñas, también muy masivas, son de otra naturaleza.

El Programa para Jefas y Jefes de Hogares Desocupados fue el mayor plan social de la historia argentina, con 2.200.000 beneficiarios y con un presupuesto anual de más de $3.500.000.000.

Una objeción muy atendible que surgió inmediatamente entre la dirigencia fue que un programa de este tipo se presta para la utilización política y clientelística, y para actos de corrupción.

Nuestra respuesta fue que, en un plan de tan colosales dimensiones, era inevitable un cierto nivel de distorsión, pero que ello debía ser atacado extremando los controles para reducir esas distorsiones a niveles mínimos, y no renunciando al enorme caudal de beneficios que representaba para los sectores más desprotegidos de la sociedad.

Como es sabido por todos, el paso de los años y los sucesivos Gobiernos —cada uno de los cuales se sintió obligado a introducir "mejoras" ("peoras" las llamaría yo) en los planes— desvirtuaron, prácticamente, su sentido. Hoy la situación es tan caótica que se impone una fuerte intervención que devuelva el enorme esfuerzo que hace la sociedad en su conjunto para sostenerlos en su sentido original.

Unas páginas más adelante, encontrará el lector una propuesta superadora que, basada en las ideas que dieron nacimiento a los planes sociales, elimina las actuales distorsiones, y al mismo tiempo avanza de manera decidida sobre el terrible flagelo de la injusticia social y la desigualdad: la Renta Básica Universal.

Al 5 de octubre de 2003, se habían radicado poco más de 2000 denuncias penales contra intendentes, funcionarios municipales, concejales y miembros de consejos consultivos. Obsérvese bien: 2287 reclamos. Eso es el equivalente al 1,1 por mil de los subsidios otorgados a los más de dos millones de beneficiarios. Difícilmente, en un plan de características tan masivas, se ha observado tan bajo nivel de manipulación o de corrupción.

El Plan Jefas y Jefes, en su nacimiento, constituyó una clara señal política de que el país no volvería a aferrarse a los fracasados lugares comunes de achicar el gasto para reducir el déficit.

Los funcionarios del FMI, en su total miopía, nos pedían que siguiéramos con las políticas de ajuste que habían tumbado a la Alianza y destruido el país. Respondimos con una mirada propia acerca de los remedios que nuestra crisis necesitaba. Cuando se nos reclamaba un programa sustentable, en verdad, se nos estaba pidiendo que volviéramos al festival financiero de la década anterior que nos había arruinado.

Los funcionarios del FMI, en su total miopía, nos pedían que siguiéramos con las políticas de ajuste que habían tumbado a la Alianza y destruido el país. Respondimos con una mirada propia acerca de los remedios que nuestra crisis necesitaba.

Nosotros demostramos al FMI y al mundo que transitamos la salida de crisis más ordenada y con el menor costo fiscal de varios países que ya habían pasado por situaciones similares, pero menos penosas (México, Rusia, Turquía, países del sudeste asiático).

Recuerdo que tuvimos una muy fuerte oposición, aun dentro de mi partido, cuando anunciamos nuestro programa económico. Sin embargo, logramos un amplio apoyo de los sectores políticos y sociales al lanzar este plan social.

2010: DIÁLOGOS DEMOCRÁTICOS PARA POLÍTICAS DE ESTADO

Convencido de que las soluciones de la Argentina llegarán por el camino de la concertación y de los consensos en los grandes temas de Estado, en diciembre de 2010, organizamos, desde el Movimiento Productivo Argentino (en conjunto con la Fundación Alem, la Fundación Pensar, la Fundación Argentina Siglo XXI y el Instituto

GEN) un trabajo para definir los grandes desafíos nacionales a mediano plazo y a largo plazo.

Lo denominamos "Encuentro Nacional de Políticas Públicas" y, para debatir, convocamos a técnicos, expertos en planificación, representantes de las principales fuerzas políticas, dirigentes empresarios, gremialistas y exponentes de la sociedad civil. Como resultado de la presentación, se generó una agenda de trabajo específica para resolver, con un horizonte de treinta años por venir, los problemas pendientes desde hacía décadas.

Se generó una agenda de trabajo específica para resolver, con un horizonte de treinta años por venir, los problemas pendientes desde hacía décadas.

Nuestra postura podía resumirse en la idea de que la Argentina no puede refundarse cada cuatro años, como ha ocurrido en el siglo pasado. Lo que corresponde es continuar con las cosas buenas de cada Gobierno que se va. Eso se llama "políticas públicas estructurales". Pasaron casi siete años desde aquella actividad, pero aún seguimos en deuda. Por eso, quiero volver a compartir el pensamiento vivo de cada una de las personalidades que asistieron a la mencionada reunión, despojadas de mezquindades.

Por ejemplo, Rodolfo Terragno, Presidente de la Fundación Argentina Siglo XXI, se encargó de destacar la importancia de la reunión: "Yo no recuerdo que esto haya pasado en la Argentina, que haya habido un encuentro sobre políticas públicas en vísperas de una elección presidencial. Y creo que también es importante que se busquen acuerdos mínimos en los distintos aspectos, poniéndolos en la agenda, pero yendo más allá, a lo instrumental".

¿Cuáles fueron algunas de las soluciones sugeridas?

El ingeniero Jorge Lapeña, exsecretario de Energía de la Nación, propuso "un plan exploratorio de hidrocarburos para nuestra plataforma continental para generar una revolución como la que desarrolló Brasil. Nuestro mar está casi virgen. Esto implica un alto requerimiento tecnológico y una gran inversión. Debemos articular energía y medioambiente".

Por su parte, en su momento, el Ministro de Seguridad de la Nación, Eugenio Burzaco, propugnó por cambiar el modelo de prevención: "Tenemos un sistema reactivo. Reaccionamos ante los problemas. Necesitamos uno proactivo que se anticipe a las dificultades. En otros países, se sale a buscar los inconvenientes para prevenirlos. Van delante de los problemas. Deberíamos hacer una fuerte apuesta a la capacitación policial. El modelo proactivo necesita que los efectivos en la calle puedan tomar decisiones en un instante, en plena flagrancia. También, deberíamos invertir muy fuerte en tecnología. Hacen falta cámaras de videovigilancia y comunicaciones instantáneas entre las distintas fuerzas y agentes. Argentina dedicó el 7 % de su presupuesto a la seguridad pero, cruzando la cordillera, Chile dedicaba casi el triple: un 20 % de sus dineros va directo a partidas dedicadas a este tipo de cuestiones".

Tenemos un sistema reactivo. Reaccionamos ante los problemas. Necesitamos uno proactivo que se anticipe a las dificultades.

Mientras tanto, la diputada nacional del GEN, Margarita Stolbizer, opinó: "Es muy importante incorporar mecanismos de representación popular porque esta es la forma de fortalecer la democracia participativa y representativa. La política tiene que volver a ser ejemplarizadora, no solo orientadora. Se debe consultar a la ciudadanía cada vez que sea necesario".

El exsenador nacional del radicalismo mendocino, Ernesto Sanz, pidió recuperar un federalismo que parece haberse extraviado: "Este es un país donde el unitarismo ha vencido la batalla a pesar de lo que dicen los libros de historia. El unitarismo nos ha hecho depender de la caja única, de la discrecionalidad única, del mesianismo".

A su turno, el actual titular del Banco Central de la República Argentina, Federico Sturzenegger, sugirió: "Chile, Brasil y Uruguay, con espectros ideológicos totalmente diferentes, van haciendo cosas buenas, y estas cosas van quedando, independientemente de quién gane. La sociedad las va comprando como propias. Así se construye la institucionalidad".

Cuando tocó el momento de desarrollar ideas sobre la actividad agropecuaria, el extitular de la Sociedad Rural Argentina, Hugo Biolcatti, explicó: "El sector, prácticamente, ha duplicado su producción en los últimos veinte años gracias a esta combinación exitosa de recursos naturales y avance de la ciencia. La vieja imagen de la oligarquía ganadera ha desaparecido. Esto fue posible gracias a las redes de asociación que se fueron forjando en todo el país. Si mejoramos la infraestructura y bajamos la carga impositiva, vamos a seguir multiplicando las exportaciones".

"La política puede dividirnos, pero la República nos va a unir a todos los argentinos".

Otro hombre de campo, el extitular de la Confederación de Asociaciones Rurales de Buenos Aires y La Pampa (CARBAP), Mario Llambías, fue aún más allá: "La política puede dividirnos, pero la República nos va a unir a todos los argentinos. A veces nos damos cuenta de que tenemos miedo a cambiar. Existe el miedo de salir de los viejos esquemas e intentar los acercamientos. ¿Cuántas zonas de nuestro país podrían tener desarrollo si se aplicara el riego artificial? ¿Qué efecto sobre las producciones tendría el aprovechamiento del sol como fuente de energía? El campo argentino les da de comer a 400 millones de personas, y en nuestro país hay hambre".

ES HORA DE EJERCER ÉTICAMENTE EL PODER

Es imposible ocuparse de los problemas sociales de fondo, sin pensar en el largo plazo a través de la acción conjunta entre el Estado, las asociaciones intermedias y las familias. Impregnados por la lógica del consumismo, de lo efímero y del placer hedonista, los seres humanos corremos hoy tras los objetos, dejando de lado a los sujetos, desestimando, entre otras cosas, aquello que tal vez sea una de las misiones más importantes en la vida: la transmisión cultural consciente y responsable de generación en generación.

La familia se encuentra devaluada en su función de orientación y tutela de las jóvenes generaciones. Está herida. La tríada de amor, límites y valores como necesario marco de un crecimiento y maduración saludables está fallando y, como consecuencia, niños, adolescentes y jóvenes quedan más expuestos a los efectos negativos del paradigma consumista. El sentido de la vida promovido por los defensores acérrimos del neoliberalismo está regido por pseudovalores, tales como el individualismo extremo, el pragmatismo utilitario y un exacerbado consumismo.

Dijo Pío XI en la encíclica *Cuadragesimo Anno*: "La primera institución que hay que reformar es el Estado, y lo primero, para que dé su lugar a todas las asociaciones intermedias, es terminar con el vicio del individualismo".

El sentido de nuestra existencia, aunque suena raro a nuestros sentidos, tiene que ver con el uso del poder. Un criterio generalmente aceptado es que las fuentes de poder social son la fuerza, la riqueza y el conocimiento que, sumados, entrelazados, aliados y alimentándose mutuamente, explican y determinan las relaciones entre las personas, los grupos sociales, las naciones, y también los procesos históricos globales.

Yo no niego que estos conceptos sean ciertos. Por el contrario, pienso que son universales y válidos para todas las formas de organización social, más allá de los tiempos, las razas, las religiones y los sistemas políticos. Lo que sí creo es que, en realidad, son solo instrumentos de poder y que, si profundizamos el análisis con la mirada puesta en el hombre, veremos que es en él mismo donde residen las verdaderas y últimas fuentes de poder, que son sus dos atributos más elevados: la inteligencia y la moralidad.

Hasta ahora el hombre ha ido aprendiendo a utilizar cada vez más eficientemente su capacidad de razonar. En su evolución atravesó distintas épocas, y organizó su pensamiento de diferentes formas. Transitó la era de las creencias y de los mitos, en la cual predominaban las certezas compartidas e indiscutibles con muy poca posibilidad y necesidad de dirimir cuestiones importantes, dado que estas estaban resueltas en marcos referenciales claros y completos.

Si profundizamos el análisis con la mirada puesta en el hombre, veremos que es en él mismo donde residen las verdaderas y últimas fuentes de poder, que son sus dos atributos más elevados: la inteligencia y la moralidad.

Luego pasó por la era de las utopías, planteándose ideales y objetivos imposibles de alcanzar, pero muy enriquecedores por lo movilizadores que eran para grandes grupos humanos con un destino común. Después surgió ya una manera más formal y sistemática de organización del pensamiento, y nacieron las ideologías; cada grupo adherente a una de estas luchaba por defenderla y difundirla, descalificando las otras ideologías existentes y enfrentándose a quienes las cultivaban.

Finalmente, hoy podríamos decir que estamos en la era de las teorías, que no se defienden ni se enfrentan con otras, sino que se explican y se discuten intelectual y pacíficamente. Sin embargo, la realidad muestra que ninguna de estas etapas desapareció totalmente. Coexisten en el mundo actual. No es verdad que las creencias, las utopías y las ideologías hayan muerto. Afortunadamente, persisten entre nosotros y conviene que tomemos de estas lo que cada una tiene de bueno para el hombre. Lo que yo pretendo destacar es que, en todo este largo proceso, el denominador común ha sido el predominio creciente y aparentemente inagotable del poder de la inteligencia humana. Con ese poder, el hombre llegó a lograr un amplio y profundo conocimiento de la materia hasta niveles insospechados. Se aprovechó de una de sus máximas creaciones, la ciencia, para desentrañar los secretos del universo, desde la intimidad del átomo hasta la inmensidad del espacio. Admirado ante la naturaleza, hurgó en esta sin limitaciones hasta bordear imprudente y peligrosamente los misterios de la vida y de la muerte, a riesgo de invadir, con su muy humano pecado de soberbia, los terrenos reservados al Creador.

En síntesis, como por definición, el ejercicio de todo poder implica la búsqueda de algún tipo de dominio; podemos decir que el hombre ha alcanzado muy buenos resultados a partir de su opción por el desarrollo y uso del poder de su inteligencia, pues ha logrado un gran dominio sobre el mundo material. Pero eso ha demostrado ser insuficiente para la realización plena de los seres humanos en sociedad.

El ejercicio de todo poder implica la búsqueda de algún tipo de dominio; podemos decir que el hombre ha alcanzado muy buenos resultados a partir de su opción por el desarrollo y uso del poder de su inteligencia, pues ha logrado un gran dominio sobre el mundo material.

Desde luego, no podemos desaprovechar todos los efectos beneficiosos (los hay, y muchos) obtenidos en el campo científico-tecnológico, pero tengamos en cuenta que los hombres podemos compartirlos y disfrutarlos solo si somos capaces, al mismo tiempo, de apoyarnos fraternalmente en la adversidad, para lo cual es necesaria la madurez moral. Esta se alcanza cuando, a la condición de racionalidad del individuo, se le suma la del altruismo, con lo cual se convierte en una persona razonadora, solidaria y compasiva, que puede responder a los problemas con soluciones lógicas, y a las personas con afecto, tolerancia y comprensión.

PENSAR EL PAÍS QUE VIENE

Si analizamos las formas de imaginar el futuro que se aplican habitualmente en Argentina, vemos que quienes son los responsables de diseñar estrategias de mediano plazo y de largo plazo actúan como si el futuro ya existiera en algún lado y no fuera más que una versión *aggiornada* de algún momento de nuestro pasado. Indefectiblemente, se termina, entonces, analizando el pasado, con la esperanza jamás satisfecha de no repetir errores. De ahí a caer en la ridiculez de discutir una y otra vez sobre Colón, la Revolución de Mayo, la Generación del Ochenta y cada mínimo detalle de nuestra historia, no hay más que un paso.

Hay, sin embargo, otra forma de pensar el futuro, que está siendo aplicada crecientemente con éxito desde mediados del siglo XX por países, organizaciones y regiones. Esta forma de pensar el futuro se llama *prospectiva,* ciencia de la cual hablé al inicio de este libro. Retomando su concepto, podemos decir que la prospectiva se trata de la disciplina intelectual que, según la clásica definición de Gastón Berger, "estudia el futuro para comprenderlo y poder influir en este". Es una disciplina que descarta los determinismos para poner el acento en la construcción de escenarios posibles, denominados "futuribles". Es decir, abandona la definición de futuro como destino, para pensar en términos de probabilidad y de construcción.

La prospectiva se trata de la disciplina intelectual que, según la clásica definición de Gastón Berger, "estudia el futuro para comprenderlo y poder influir en este".

Casi todas las naciones de Europa, Estados Unidos, Japón y la mayoría de las grandes empresas internacionales la aplican hoy en el planeamiento de mediano plazo y de largo plazo. Muchos países tienen ya, entre sus departamentos más valorados, el que se ocupa de la prospectiva. Lamentablemente, no es el caso del nuestro país. Pero, preguntará alguien, ¿cómo aplicar la prospectiva en un país como la Argentina, tratando de imaginar escenarios a diez años, cuando ni siquiera podemos saber dónde estaremos la semana que viene? Yo vengo intentándolo hacer desde hace muchos años. Por eso quiero enumerar, simplemente, algunas claves que nos permitan adentrarnos en el fascinante mundo de imaginar la Argentina que vendrá.

Uno de los principales obstáculos a superar es no extrapolar mecánicamente el pasado. Es conveniente "desaprender" esa tendencia a pensar que necesariamente todo se repite. De esta manera, lograremos un estado de apertura mental que nos facilitará identificar oportunidades y ventajas que el futuro pueda ofrecer. Sin embargo, tampoco es aconsejable la actitud simétricamente opuesta, es decir, ocultar el pasado en el sótano de los trastos inútiles. Una buena relación de conocimiento y aceptación del pasado suele estar en el fondo de los procesos exitosos de la prospectiva.

Es necesario comprender que imaginar y planear el futuro de un país como la Argentina es una tarea de conjunto, multidisciplinaria, donde las dimensiones de lo político, lo económico, lo social, lo ambiental, lo cultural y lo tecnológico deben integrarse estructuralmente.

En síntesis, es necesario comprometerse firmemente con esos valores y crear sólidos mecanismos que aseguren su cumplimiento, asumidos por los políticos y por la sociedad argentina en su conjunto, para que, ya sea individualmente o en un proyecto colectivo como es el cogobierno (un régimen donde la oposición tiene a su

Es necesario comprometerse firmemente con esos valores y crear sólidos mecanismos que aseguren su cumplimiento, asumidos por los políticos y por la sociedad argentina en su conjunto, para que, ya sea individualmente o en un proyecto colectivo como es el cogobierno (un régimen donde la oposición tiene a su cargo los organismos de control) todos estemos ceñidos por la fuerza del Poder Moral.

cargo los organismos de control), todos estemos ceñidos por la fuerza del Poder Moral.

Como gobernante, ocupando todos los cargos con que la democracia me distinguió, traté de dar ejemplos concretos en mi accionar. Por ejemplo, tras haber concluido cada uno de mis cargos, no dejé ningún familiar nombrado en la nómina de empleados regulares, a diferencia de lo que lamentablemente sucedió antes y después de mis Gobiernos.

En países desarrollados como Francia, esto está específicamente legislado, por lo que solo se pueden "legar" dos parientes al abandonar el funcionario un cargo del Poder Ejecutivo.

En su libro *Trust* ('Confianza'), el pensador japonés Francis Fukuyama asegura que las culturas más atrasadas del mundo son las que no tienen confianza en el resto de la sociedad, y por eso se apoyan en el círculo íntimo de la familia como única forma de lograr la incondicionalidad. En el otro extremo, los conglomerados humanos más exitosos son los que tienen credulidad en las instituciones y en las organizaciones propias de la comunidad.

Además, impulsé con éxito el fin de las jubilaciones de privilegio para los legisladores nacionales. Y nuevamente traté de predicar con el ejemplo. Nunca solicité una remuneración especial por haber ejercido la primera magistratura del país.

Capítulo 7

La impunidad premia el delito, induce a la repetición y le hace propaganda, estimula al delincuente y contagia su ejemplo.

(Eduardo Galeano)

MEDIDAS PRÁCTICAS PARA ERRADICAR LA CORRUPCIÓN

Frente a la realidad que hemos repasado en los capítulos anteriores, sería una falla imperdonable limitarnos al diagnóstico y al estudio de antecedentes, sin proponer vías de solución, mediante medidas prácticas y realizables, para erradicar la corrupción y cimentar el Poder Moral. Desde ya que es una problemática que, por afectar a todo el mundo, hace tiempo que viene movilizando a políticos, investigadores, instituciones estatales, organizaciones no gubernamentales y empresarias, dispuestas a hacer frente a la corrupción. Claramente, no se trata de pretender implantar soluciones "llave en mano" pero, considerando esas experiencias y las propias de nuestro país, es posible pensar y aplicar las que resulten más adecuadas a nuestra realidad.

Es así como, a partir de esta reflexión, con una mirada prospectiva, propongo una serie de medidas, sin duda perfectibles, que van en este sentido.

COGOBIERNO PARA CONTROLAR AL PODER EJECUTIVO

Un primer aspecto indispensable al considerar el problema de la corrupción es de naturaleza institucional, y se vincula a la capacidad de las democracias modernas para hacer frente a los desafíos de la "sociedad del vértigo".

Dos modelos institucionales han regido la vida de las democracias representativas, al menos en los últimos doscientos años: el presidencialismo y el parlamentarismo. El primero surgió a fines del siglo XVIII con la Constitución de los Estados Unidos, y es, en esencia, el que se fue imponiendo en la organización de los países de América. El segundo, con antecedentes que según los historiadores se remontan a la Carta Magna inglesa de tiempos medievales, se consolidó en Gran Bretaña a partir de fines del siglo XVII. Su extensión a las monarquías constitucionales y, luego, a las repúblicas europeas lo convirtió en el preponderante, con pocas excepciones, en el Viejo Continente. Más allá de los avances que, en su momento, estos dos modelos significaron para establecer "el gobierno de la ley" y la institucionalidad democrática, ambos muestran un marcado agotamiento para resolver los problemas de las sociedades actuales, mucho más complejas y sujetas a cambios permanentes.

Dos modelos institucionales han regido la vida de las democracias representativas, al menos en los últimos doscientos años: el presidencialismo y el parlamentarismo.

El presidencialismo, que en América del Norte se forjó para dotar al Gobierno nacional de atribuciones que contrarrestasen las fuerzas centrípetas del poderoso federalismo de los nacientes Estados Unidos, en nuestros países latinoamericanos surgió como una forma de transición entre el pasado monárquico colonial y un futuro republicano y democrático, que aspiraba a alcanzarse con la transformación de nuestras sociedades. Es lo que señala la famosa fórmula, atribuida al Libertador Simón Bolívar y repetida entre nosotros por Juan Bautista Alberdi, según la cual nuestros Estados en formación necesitaban "reyes con el nombre de presidente" para darse rápidamente su organización constitucional. Pero, si bien para nuestros prohombres del siglo XIX ese era un primer paso, lo cierto es que el exacerbado presidencialismo, lejos de atenuarse con el tiempo —como ellos deseaban— se consolidó entre nosotros, y llevó, en ocasiones, a excesos de caudillismo y a pretensiones hegemónicas, e incluso a actitudes mesiánicas.

Cuando el Parlamento deja de ser asamblea para buscar las mejores soluciones y se convierte en el campo de disputas que dividen a la sociedad, una especie de arena donde se enfrentan los gladiadores a la vista del público, entonces, esas virtudes potenciales se degradan y, lejos de favorecerse la gobernabilidad y la legitimidad institucional, suele agravarse la inestabilidad política.

Por algún tiempo muchos pensamos, y me incluyo, que el parlamentarismo representaría un modelo más virtuoso, capaz de evitar los excesos del presidencialismo de nuestras repúblicas. Pero hay que reconocer, a la luz de la experiencia de los últimos tiempos, que esa expectativa favorable no siempre fue consistente con la realidad. Lógicamente, el ámbito parlamentario, cuando el debate de ideas va acompañado por la búsqueda de consensos, aparece como un espacio mucho más proclive al diálogo y al trabajo en conjunto, en pos de políticas de Estado y de estrategias nacionales de largo aliento. Pero esto no sucede cuando el Parlamento deja de ser asamblea para buscar las mejores soluciones y se convierte en el campo de disputas que dividen a la sociedad, una especie de arena donde se enfrentan los gladiadores a la vista del público. Entonces, esas virtudes potenciales se degradan y, lejos de favorecerse la gobernabilidad y la legitimidad institucional, suele agravarse la inestabilidad política. Casos recientes, como los que atravesaron España o Bélgica, en los que durante meses fue imposible establecer un Gobierno, son muestra cabal de ello.

En cambio, si observamos los países con una mayor consolidación institucional democrática, vemos reiterados ejemplos de cogobierno como base de esa mayor solidez y representatividad. Tal es el caso de Alemania que, desde la sanción en 1949 de la Ley Fundamental de la entonces República Federal Alemana, ha tenido 23 Gobiernos de coalición de distintos signos partidarios. Si bien los alemanes hablan de coaliciones, en los casos de partidos de cierta afinidad ideológica, y de grandes coaliciones, cuando las integran fuerzas consideradas polarizadoras de la opinión, como la democracia cristiana y la socialdemocracia, en ambos casos, se trata de cogobiernos que han permitido no solo superar los traumas de la difícil posguerra, sino recuperar y desarrollar las potencialidades de la nación, reunificarla y llevarla a la posición que hoy ocupa en la Unión Europea y en el mundo.

El compromiso de llevar adelante una serie de políticas consensuadas, sobre la base de alcanzar objetivos comunes, permitió, a lo largo de varias décadas, darles una mayor legitimidad y fortalecer tanto las instituciones de gobierno como a los propios partidos políticos. En esa rica experiencia, lo que más se destaca es la superación de una visión binaria que, a mi entender, es la que socava actualmente tanto el presidencialismo como el parlamentarismo. En ambos modelos sigue rigiendo una mirada según la cual, en la vida política, unos ganan y otros pierden; unos son gobierno, y los otros son oposición. Este esquema binario, que separa siempre un "nosotros" de un "ellos", tiende a convertir el antagonismo, la confrontación y la división en las formas naturalizadas de comprender y emprender la acción política. Y este es, precisamente, un lujo que las complejas sociedades actuales ya no permiten que nos sigamos dando ni los políticos ni los ciudadanos.

Hace ya más de cuarenta años, en la Argentina, se planteó una propuesta para superar la lógica de las antinomias. Dicha lógica es la que se expresó en dos frases similares. Una es de Perón: "El que gana gobierna, y el que pierde acompaña", y la otra es de Balbín: "El que gana gobierna, y el que pierde ayuda". Sin desmerecer el valor patriótico y cívico que ambas expresiones tuvieron en ese momento, hay que reconocer que también esas fórmulas han quedado superadas, visto el deterioro sufrido desde entonces en la representatividad de los partidos y de los liderazgos políticos.

La complejidad de los problemas en el mundo actual requiere la construcción de consensos de tal alcance que exigen superar la división entre "nosotros" y "ellos", para pensar en términos de "todos nosotros". Solo así será posible acordar y asegurar las políticas de Estado, tantas veces mencionadas, rara vez intentadas, y aun menos implementadas.

Es necesario insistir en la idea de que los gobernantes no son ungidos por la Providencia y, por lo tanto, no son dueños de la verdad. No debemos esperar que las soluciones provengan de un grupo de dirigentes "iluminados", sino del esfuerzo consensuado y compartido de todos. La mejor forma de evitar un nuevo y gran "Que se vayan todos" —como el que presenciamos en la crisis de fines de 2001— es empezar a cogobernar para todos.

La mejor forma de evitar un nuevo y gran "Que se vayan todos" —como el que presenciamos en la crisis de fines de 2001— es empezar a cogobernar para todos.

Una posible solución consiste en entregarles, a los partidos de la oposición, todos los mecanismos de control existentes: Sindicatura General de la Nación, Defensoría del Pueblo, Unidad de

Información Financiera, Oficina Anticorrupción y Fiscalía de Investigaciones Administrativas. De esta manera, podríamos acuñar una nueva frase: "El que gana gobierna, y el que pierde controla".

A veces no hace falta viajar lejos para encontrar exitosos arquetipos políticos y sociales que puedan adaptarse a nuestra idiosincrasia. A una hora de barco o a treinta minutos de avión, se encuentra Montevideo, la capital de un país que no deja de sorprendernos. En 2017, el índice que mide las democracias y las economías de mercado elaborado por la fundación alemana Bertelsmann Stiftung colocó a Uruguay como cuarto a nivel mundial entre casi 130 países analizados. ¿Por qué ganó semejante distinción, superando a muchas de las sociedades más avanzadas del planeta? Por su integración social, su elevada cultura política y su respeto a la división de los poderes. Según la citada institución, la sociedad uruguaya es muy homogénea y no discrimina a las minorías. Se trata de un pueblo cuya dirigencia está claramente orientada hacia el consenso entre la sociedad civil y el Gobierno.

Según Transparency International, Uruguay lidera la honestidad en todo el subcontinente, con 73 puntos sobre cien posibles.

La cultura política de nuestros hermanos rioplatenses es tan avanzada que incluso los oponentes políticos ingresan en un diálogo constructivo. Existe un sistema de partidos estable y una confianza excepcional en las instituciones que median entre la gente común y la clase política. En la práctica, colorados, blancos y el Frente Amplio se han unido de manera mancomunada para frenar la corrupción y extirparla de raíz. Según Transparency International, Uruguay lidera la honestidad en todo el subcontinente, con 73 puntos sobre cien posibles.

POLÍTICAS DE ESTADO, NACIONALES Y REGIONALES PARA COMBATIR EL NARCOTRÁFICO

Desde que en 1971 el presidente de los Estados Unidos, Richard Nixon, lanzó la frase "Guerra contra las drogas" y creó la Drug Enforcement Administration (más conocida como DEA), no para de crecer y arraigarse la idea de que el eje principal para la erradicación de los males que genera la drogadependencia en nuestras sociedades es la "guerra" entre las autoridades y el narcotráfico. Sin embargo, son muchas las voces que se alzan señalando que esa guerra, además de provocar la injerencia en los asuntos internos de ciertas naciones, no ha servido para disminuir el consumo de psicoactivos. Por el contrario, se mantiene constante en la región, pese a que el gasto de la guerra contra las drogas no ha dejado de crecer. Por otro lado, estos críticos señalan que los países europeos, poniendo la prevención y el acompañamiento de los adictos como herramienta principal y la represión como brazo imprescindible pero secundario, han logrado éxitos mucho más meritorios que los de quienes se centraron en la "guerra".

Dicho esto, no podemos dejar de enfocar la lucha contra el narcotráfico como una instancia extremadamente relevante en el logro de la mejora de los estándares morales de nuestras naciones.

Es más que sabido que el poder del narcotráfico, y en general del crimen organizado, es una de las fuentes de corrupción más terribles en la esfera tanto pública como privada, lo cual afecta a la sociedad en su conjunto. Es indispensable comprender la importancia de ocuparse del fenómeno de las drogas en forma permanente y coordinada, desde todas las instancias de Gobierno. En el ámbito nacional, provincial y municipal, así como también en el regional, debemos asumir como política de Estado la resolución de esta problemática.

Para combatir y detener a una corporación criminal global como la que está emergiendo, no bastarán los esfuerzos aislados de cada uno de los países afectados. Solo un trabajo coordinado de alcances transnacionales podrá enfrentarla con expectativas de éxito. Es necesario crear una agencia latinoamericana contra el crimen organizado.

Es necesario comprender las dimensiones alcanzadas por el crimen organizado, que no reconoce fronteras. Desde sus propios "santuarios", donde las fuerzas represivas son ineficientes o las legislaciones muy laxas, los carteles de la droga han ido armando cabeceras de playa para garantizar su exitoso desembarco en toda la geografía continental. Una vez instalados, a través de las redes digitales, manejan a voluntad organizaciones en cualquier ciudad, sea grande o pequeña.

Para combatir y detener a una corporación criminal global como la que está emergiendo, no bastarán los esfuerzos aislados de cada uno de los países afectados. Solo un trabajo coordinado de alcances transnacionales podrá enfrentarla con expectativas de éxito. Es necesario crear una agencia latinoamericana contra el crimen organizado.

Ya en 2004, cuando este fenómeno era aún incipiente, propuse, en el seno de la UNASUR, la creación de una agencia especial para la investigación de este tipo de ilícitos.

Ocho años más tarde, en 2012, se aprobó mi propuesta, y así nació el Consejo en Materia de Seguridad Ciudadana, Justicia y Coordinación de Acciones contra la Delincuencia Organizada Transnacional. Sus objetivos centrales fueron los siguientes:

- Coordinar las acciones de cada país para la lucha contra el crimen internacional.
- Cooperar entre los Estados en materia de información sobre las bandas que reúnen esas características.

- Promover el intercambio de experiencias y prácticas en materia judicial, policial y de inteligencia.

El expresidente brasileño Luiz Inácio Lula da Silva, quien en su país logró sonoros éxitos con sus tropas de elite, el Batallón de Operaciones Policiales Especiales (BOPE), apoyó la iniciativa. Por su parte, el jefe de Estado boliviano, Evo Morales, y también el exprimer mandatario colombiano, Álvaro Uribe, también elogiaron mi propuesta. Sin embargo, y pese a que su creación fue aprobada hace casi una década, este ente coordinador internacional aún carece de fuentes de financiamiento y de presupuesto para funcionar. Nos encontramos, entonces, en una grave encrucijada. Mientras las naciones enfrentan dificultades para ponerse de acuerdo y aunar sus esfuerzos, las redes formadas por las organizaciones antisociales están cada vez más integradas, y hasta se reparten los "mercados" a inundar.

Mientras el delito organizado se mueve a la velocidad del siglo XXI, los tribunales y organismos locales envían exhortos en papel, que viajan de escritorio en escritorio por miles de kilómetros al paso de la era analógica. Se trata de un duelo muy desigual. Un narcotraficante puede esperar años su extradición y, lo que es más grave, a menudo esta jamás se materializa. Durante los procesos penales, las pruebas a menudo se destruyen, los cómplices se escapan, y los testigos son amedrentados o atacados. Este plan de cooperación y estandarización de procedimientos, que propuse y se aprobó, tendría una efectividad con resultados letales para las organizaciones que hoy se sienten impunes. Existen antecedentes muy concretos de

Mientras el delito organizado se mueve a la velocidad del siglo XXI, los tribunales y organismos locales envían exhortos en papel, que viajan de escritorio en escritorio por miles de kilómetros al paso de la era analógica.

coordinación para acciones de este tipo. Desde hace más de una década, los Estados de la Comunidad Económica Europea han facilitado la entrega de delincuentes que hayan traspasado las fronteras de un país determinado. Sus miembros tienen un reconocimiento mutuo del funcionamiento y condenas de la justicia de cada país integrante de la Unión. De esta forma, se abandonaron los largos y complejos trámites de extradición para un total de 32 delitos: terrorismo, trata de personas, secuestros, robos a mano armada, violaciones, racismo y xenofobia, entre otros. Aprovechando desde el Estado las ventajas que nos proporciona hoy el fenomenal avance de la tecnología, está demostrado que la batalla se puede ganar.

UN SISTEMA DE RECOMPENSAS PARA ENFRENTAR AL CRIMEN ORGANIZADO

Las enormes fortunas que manejan los cárteles del narcotráfico y otras formas de crimen organizado les permiten contar con inmensos recursos y perfeccionar continuamente sus estrategias y *modus operandi*, con lo que llevan la delantera sobre quienes las combaten. Si queremos desarticularlas, tenemos que ser también muy ingeniosos y creativos.

Como he sostenido siempre (y lo corrobora la experiencia internacional), el engranaje clave del narcotráfico es el dinero. Desde su base, que es la venta "minorista" o "narcomenudeo" (que siembra la muerte en los barrios de nuestras ciudades), hasta la cima de la organización piramidal de las redes delictivas, el dinero hace funcionar todo el sistema delictivo. Y es ahí, en lo que constituye su punto neurálgico, donde, sobre todo, debemos aguzar el ingenio. Propongo la implementación de un modelo que combina tres sistemas exitosos a nivel mundial: el de Gran Bretaña, donde es posible formular denuncias anónimas desde cualquier teléfono público; el de España, con sus fiscalías especiales para la lucha contra el narcotráfico; y el de Estados Unidos, que cuenta con mecanismos de recompensas dinerarias para los denunciantes.

Siempre he sostenido (y lo corrobora la experiencia internacional), que el engranaje clave del narcotráfico es el dinero.

La propuesta, que he elaborado pensando en la Argentina, pero que podría extenderse a otros países de nuestra región, consta de tres pasos:

1. Cualquier ciudadano podrá colocar, en la parte superior de un papel, escrito con duplicado mediante un carbónico, una cifra de siete u ocho dígitos, que servirá de clave numérica de identificación, garantizado el anonimato. Debajo del número, detallará la información reservada sobre las actividades clandestinas de las bandas; por ejemplo, la localización geográfica exacta de las "cocinas" de drogas o de los "bunkers" de venta de estupefacientes.

2. Estos datos llegarán de manera anónima, y por distintas vías, a las fiscalías especializadas en la lucha contra el crimen organizado. Para que los funcionarios judiciales actúen rápidamente, deberán contar con los recursos y autonomía adecuados.

3. Si se comprueba que la información es fidedigna y útil, el denunciante recibirá una suma de dinero como retribución, para lo cual acreditará con el número clave haber sido la fuente de los datos. La recompensa podrá ser cobrada por el denunciante o por su representante legal, en caso de que prefiera preservar su identidad por cuestiones obvias.

Es posible que esta novedosa metodología contribuya a que muchos efectivos policiales, lamentablemente contaminados, "se pasen del lado de los buenos" y aporten todo lo que saben y nunca revelaron. Asimismo, las propias organizaciones delictivas podrán aprovechar esta suerte de "delación premiada" para desenmascarar a los grupos rivales.

PONER LA TECNOLOGÍA DEL SIGLO XXI AL SERVICIO DE LA TRANSPARENCIA

Cada vez más personas, en el mundo y en la Argentina, ofrecen y adquieren bienes y servicios por medios electrónicos, cuya eficacia y transparencia quedan evidenciada en el éxito alcanzado por plataformas digitales como Mercado Libre, de origen nacional. Esto ya no es una novedad, por lo que resulta aún más llamativo que, en contrataciones de enorme peso en la economía (como son las del sector público en todas sus jurisdicciones), sigamos atados a sistemas anacrónicos, opacos y susceptibles de un alto grado de corrupción.

Hoy es posible implementar un método transparente para que el sector público esté obligado a llamar a licitaciones y a compulsas de precios, por vía informática, cada vez que deba adquirir un bien o un servicio.

Así como las distintas administraciones públicas destinan recursos a informatizar áreas como la salud, la seguridad y la educación, ¿no es hora, en pleno siglo XXI, de usar el mismo criterio modernizador en lo referido a la contratación de obras y compras de bienes y servicios?

Pensemos que, sumadas las distintas jurisdicciones y competencias, estamos hablando de un manejo de no menos de 20.000 millones de dólares anuales. Y, como señalan los informes de la OSDE, a nivel internacional, en este rubro es donde se contabiliza el 57 % de los casos de sobornos registrados.

Con la tecnología disponible, ya hoy es posible implementar un método transparente para que el sector público esté obligado a llamar a licitaciones y a compulsas de precios, por vía informática, cada vez que deba adquirir un bien o un servicio. El sistema debería funcionar como un servicio público descentralizado, dependiente del Ministerio de Hacienda en forma conjunta con el Ministerio de Modernización, por ejemplo. Para generalizar su implementación en todas las jurisdicciones y reparticiones, dada nuestra organización federal, las provincias y los municipios deberían adherir a una ley nacional sancionada en este sentido.

La idea fundamental es generar un padrón único de productores de bienes y servicios nacionales, que tendrían acceso a una plataforma digital para enterarse al instante de las nuevas licitaciones. De esta forma, el sistema pondría a disposición de la ciudadanía y de los entes fiscalizadores toda la información sobre las adquisiciones públicas. Esto permitiría controles mucho más eficaces y realizados *a priori*, al tiempo que ahorraría, al fisco y a los contribuyentes, los recursos que, por las oscuras vías de la falta de transparencia y de la corrupción, terminan desviándose del destino que tenían asignado.

¿Es viable esta propuesta? No solamente lo es, sino que un modelo como el que propongo se viene aplicando con éxito hace ya veinte años. Se trata del sistema "Chile Compra", que nuestros vecinos han implementado como política de Estado, por encima de los cambios de signo de sus Gobiernos, y que les ha ahorrado miles de millones de dólares. La implementación de este sistema es una de las razones por las que, en el ranking que lleva la ONG Transparency International, Chile ocupe el puesto 24 sobre 175 países auditados en materia de transparencia del sector público, mientras que la Argentina aparece en el 95.

La idea fundamental es generar un padrón único de productores de bienes y servicios nacionales, que tendrían acceso a una plataforma digital para enterarse al instante de las nuevas licitaciones.

La puesta en marcha de un sistema eficaz y transparente para las contrataciones públicas, algo que la tecnología pone al alcance de la mano, hará que las reiteradas promesas de lucha contra la corrupción pasen del plano del discurso al de la realidad. Solo es cuestión de que la clase dirigente actúe en tal sentido. Así, contribuiría no solo a ahorrar valiosos recursos, sino, fundamentalmente, a fortalecer la democracia y la ética republicana.

ESTONIA, UN ESPEJO EN DONDE MIRARSE

Seguramente, en 1991 (no hace tanto tiempo) cuando Estonia se independizó de la Unión Soviética, no imaginó que en pocas décadas se convertiría en la sociedad digital más avanzada del mundo. Todo comenzó de un día para el otro, cuando en el pequeño país báltico debieron tomar consciencia respecto de que tenían toda una nación en formación por delante. Las infraestructuras estaban obsoletas y en malas condiciones; el sistema bancario, a años luz del estándar occidental. Y, para peor, no disponían de grandes presupuestos para la reconstrucción. Todo esto les hizo notar que tenían una administración pública y una burocracia gubernamental que eran malas y muy caras. Para comenzar a revertir todo esto, aceptaron que necesitaban crear una sociedad democrática y transparente, donde la confianza y la eficiencia fueran la clave. Frente a este panorama, fue el primer ministro, Mart Laar, el responsable de preparar e impulsar al país para iniciar un período de modernización. Diez años después, tras el ingreso a la Unión Europea en 2004 y con la adopción de una serie de políticas tecnológicas revolucionarias, lograron cambiar el panorama, a punto tal que hoy día Estonia es conocida como la "Silicon Valley europea".

Mientras tanto, en agosto de 2000, los estonios se convirtieron en pioneros a nivel mundial al transformar las reuniones de su gabinete ejecutivo en sesiones sin documentos en papel, pasando a utilizar un sistema de bases de datos conectadas por la red. También, y en tiempo real, los ciudadanos pudieron hacer su declaración de la renta, y el Estado tuvo la obligación de registrar por esta vía todos los gastos efectuados. Así, la transparencia se convirtió en prioritaria y primordial para ambos lados.

Esto dio paso a que, en 2022, Estonia recibiera 74 puntos respecto de la percepción de la corrupción que los habitantes de ese país tienen de su Gobierno, algo que los ubicó en el puesto 13 respecto de los 180 países evaluados.

Recordemos que, año a año, la Organización para la Transparencia Internacional elabora este Índice, donde 0 marca una alta percepción de la corrupción pública por parte de los habitantes y 100, una puntuación óptima de satisfacción.

¿La experiencia de Estonia puede aplicarse en Sudamérica?
Seguramente, pueda extrapolarse a otros países de todo el mundo, pero eso dependerá de la voluntad de los gobernantes para ponerla en práctica.

Ahora bien, frente a esta realidad, surge una pregunta: ¿la experiencia de Estonia puede aplicarse en Sudamérica?

Seguramente, pueda extrapolarse a otros países de todo el mundo, pero eso dependerá de la voluntad de los gobernantes para ponerla en práctica.

Para Shannon Vallor —filósofa estadounidense especializada en la ética de la ciencia y las tecnologías emergentes y que actualmente dirige el Centro de Futuros Tecnomorales de la Universidad de Edimburgo en Escocia—, "es necesario que los políticos incorporen estas virtudes tecnomorales. ¿Cuántos líderes políticos hoy en el mundo sostienen valores como integridad, justicia, honestidad o empatía? Los liderazgos políticos deben reparar la confianza social que se ha erosionado en tantas naciones (Argentina incluida). Es fundamental reconstruir los cimientos de la confianza social y pública para avanzar hacia la sostenibilidad, la justicia social en una sociedad más equitativa y hacia formas más responsables de gobierno".

Cuando sugiero que Estonia es un espejo donde mirarse, lo digo totalmente convencido por sus resultados obtenidos. Si esta diminuta república báltica pudo pasar de ser un satélite soviético a convertirse en la meca tecnológica de Europa, eso demuestra que, con orden, control, producción (y, por sobre todo, con transparencia), un país puede convertirse en una gran nación.

UNA APLICACIÓN DISPONIBLE PARA ACERCAR A GOBERNANTES Y A GOBERNADOS

Profesionales del Massachusetts Institute of Tecnology (MIT) de Boston, una universidad con 150 años de historia y con más de 70 premios Nobel entre sus egresados, han desarrollado innovaciones como Fluicity, una aplicación electrónica que conecta a los vecinos con el alcalde, los gobernadores, los legisladores y las autoridades nacionales. Esta aplicación novedosa permite que todos los mensajes sean recibidos por los equipos del Poder Ejecutivo y Legislativo. La comunicación se mueve de abajo hacia arriba, en sentido inverso al que nos tiene tristemente habituados el peso de la burocracia.

Fluicity permite que todos los mensajes sean recibidos por los equipos del Poder Ejecutivo y Legislativo. La comunicación se mueve de abajo hacia arriba, en sentido inverso al que nos tiene tristemente habituados el peso de la burocracia.

Habitantes de Norteamérica, Europa y Japón notaron que, en los períodos alejados de las elecciones, el vínculo entre los puntos más distantes de la pirámide administrativa, prácticamente, se interrumpía y que el diálogo solo se restablecía en las proximidades comiciales.

Fluicity permitiría proponer ideas, ver su progreso y comprobar si las iniciativas se plasman luego en la realidad. Nadie sabe más sobre seguridad, educación o salud pública que los propios hombres y mujeres que deben ser los destinatarios de esos servicios que tiene que proveer el Estado. A menudo, la clase dirigente rehúye de las instituciones estatales a la hora de preservar a su familia, curarla o educarla. Por ello, las propuestas de la gente común se vuelven cada vez más necesarias.

LA RENTA BÁSICA UNIVERSAL PARA TERMINAR CON EL CLIENTELISMO

La inclusión social resulta un problema acuciante en un mundo donde el vértigo del desarrollo tecnológico tiende a profundizar dos fenómenos contrapuestos. Por un lado, genera una acelerada automatización de los procesos productivos, con el consiguiente desempleo y, por el otro, conlleva el aumento de la longevidad humana y la prolongación de la vida activa de las personas. En resumen, cada vez hay menos puestos de trabajo y, al mismo tiempo, mayor cantidad de gente que puede y necesita trabajar. De no hallarse soluciones viables, nos encontraremos en una dinámica de creciente exclusión, que atenta contra la convivencia democrática y es un caldo de cultivo para retroalimentar la corrupción.

Una solución posible, y que empieza a debatirse en países adelantados, es la que abordé hace unos años en mi libro *De Tomás Moro al hambre cero: la Renta Básica Universal (RBU) o Renta Básica de Ciudadanía (RBC).*

La idea, que tiene numerosos antecedentes que se remontan a las utopías humanistas, comenzó a circular en su forma actual cuando los estados de bienestar de los países desarrollados mostraron sus primeros síntomas de crisis. De manera simple, se puede expresar así: todas las personas tienen derecho, por el solo hecho de existir, a un ingreso que garantice su supervivencia.

Uno de los primeros proyectos para aplicar esta idea revolucionaria fue, aunque parezca contradictorio, el del economista conservador Milton Friedman, y recibió el apoyo de muchos intelectuales y pensadores de la época. La propuesta giraba en torno a un "impuesto negativo" y fue expuesta en el *best seller* mundial *Capitalismo y libertad*, de 1962. Incluso el presidente Richard Nixon la incluyó oficialmente en sus planes de gobierno, aunque la iniciativa se frustró por razones por todos conocidas. Esta frustración no impidió que en 1982 se pusiera en vigencia en Alaska un sistema por el cual todo ciudadano con seis meses de residencia en el territorio recibe una asignación mensual. En 2014 esa asignación fue de 1884 dólares por persona.

Todas las personas tienen derecho, por el solo hecho de existir, a un ingreso que garantice su supervivencia.

En noviembre de 2016, Canadá puso en marcha en dos ciudades importantes de la provincia de Ontario (Ottawa y Toronto) un plan piloto para otorgar una renta básica de 1000 dólares canadienses (unos 746 dólares estadounidenses) a todos sus ciudadanos a partir de 2017. Finlandia ha aprobado un programa piloto similar que durará dos años, en el que 2000 ciudadanos reciben, desde enero de 2017, 560 euros al mes.

Estos programas, debidamente implementados y controlados, permitirían, junto con el objetivo de asegurar la inclusión social, desterrar prácticas clientelísticas y de manipulación política asociadas frecuentemente a los subsidios temporarios, otorgados por los Gobiernos de manera discrecional.

Desde luego, cada vez que expongo estas ideas, surgen voces para señalar las dificultades en su aplicación. Y mi respuesta es siempre la misma: "Por supuesto que habrá problemas". Pero eso no debe detenernos en el objetivo final, que es la inclusión y la justicia social, sino que debe incentivarnos a ser cada día más eficientes.

En este sentido, me parece muy ilustrativo formular un paralelismo histórico. Cuando se propuso la idea de democracia representativa tal como la conocemos hoy en Occidente, basada en el voto secreto de todos los ciudadanos de un país sin discriminaciones, también surgieron objeciones: ¿votarían los analfabetos?, ¿y las mujeres?, ¿y los militares?, ¿y los curas? ¿Cómo controlaríamos que no hubiera fraude? ¿Qué haríamos con los que no quisieran votar? Hoy, aunque sabemos que estamos lejos de la perfección, nadie discute la idea de que el voto universal es un derecho inalienable y que la democracia representativa es el mejor sistema posible de gobierno.

Con la Renta Básica Universal va a ocurrir lo mismo. Una vez establecida, significará una revolución similar a la que nos trajo el voto universal, secreto y obligatorio a principios del siglo XX.

En mi libro *De Tomás Moro al hambre cero*, expliqué mi punto de vista:

> *¿Hasta dónde se puede afirmar que un individuo que ha crecido subalimentado, sin educación, sin acceso a la salud, marginado y discriminado es capaz de ejercer plenamente la ciudadanía en una comunidad democrática?*

> La oportunidad de poner en marcha este tipo de medidas no debe estar atada a la disponibilidad de los recursos, sino que, por el contrario, debe ser asumida como una política de Estado y, a partir de ese acto, deben destinarse los recursos necesarios.

Una vez establecida la Renta Básica Universal, esto significará una revolución similar a la que nos trajo el voto universal, secreto y obligatorio a principios del siglo XX.

Construir la democracia plena es construir ciudadanía; es avanzar más allá de los derechos individuales para llegar a los derechos sociales; es promover la inclusión. En pocas palabras, es la suma o fusión de la democracia política y la democracia social. En esta dirección es hacia donde debemos avanzar. Cada día, cada vez más.

La pobreza extrema y la indigencia en la que están sumergidos grandes sectores de la humanidad, lejos de ser un problema exclusivo de quienes las padecen, afecta a las sociedades en su conjunto. Excluidos o no, privilegiados o no, en última instancia, todos resultamos afectados por esa situación.

BIBLIOGRAFÍA

LIBROS Y PUBLICACIONES

Bergoglio, Jorge M. (Papa Francisco). (2013). *Corrupción y pecado*. Buenos Aires, Editorial Claretiana, 2.ª edición.

Carbonell, Miguel. (2009). *Transparencia, ética pública y combate a la corrupción. Una mirada constitucional*. México, Unam.

Dinatale, Martín. (2004). *El festival de la pobreza. El uso político de los planes sociales en la Argentina*. Buenos Aire, La Crujía.

Duhalde, Eduardo. (2011). *Humanización o Megabarbarie*. Buenos Aires, Universidad del Salvador.

Duhalde, Eduardo. (2011). *Es hora que me escuchen*. Buenos Aires, Universidad del Salvador.

Duhalde, Eduardo. (2011). *De Tomás Moro al hambre cero*. Buenos Aires, Planeta.

Duhalde, Eduardo. (2007). *Memorias del incendio*. Buenos Aires, Sudamericana.

Kaufmann, Daniel. *"Corrupción y reforma constitucional: el poder de la evidencia empírica"*. Revista *Perspectivas*, Universidad de Chile, vol. 3, n.º 2, 2000.

Giordano, Verónica. *Qué va cha ché. Corrupción y poder político en Argentina.1890 cien años después*, en http://www.catedras.fsoc.uba.ar/udishal/art/que_va_cha_che.pdf, isbn 987-43-5738-x.

Grondona, Mariano. (1993). *La corrupción*. Buenos Aires, Planeta.

Movimiento Productivo Argentino. (2011). *Diálogos democráticos para políticas de estado.* Buenos Aires.

Touraine, Alain. (1994). *Frente a la sociedad dual. Debates con Alain Touraine.* Barcelona. Editorial Hacer.

DIARIOS Y PORTALES DE NOTICIAS

Clarín

La Nación

Infobae

Perfil

BIOGRAFÍA

Eduardo A. Duhalde (Argentina, 1941)

Abogado y escribano (UBA). Ha ocupado todos los cargos públicos electivos de su país: presidente del Concejo Deliberante de Lomas de Zamora (1973); intendente municipal de Lomas de Zamora (1974-1976; 1983-1987); diputado nacional por la provincia de Buenos Aires (1987-1989); vicepresidente de la Nación (1989-1991); gobernador de la provincia de Buenos Aires (1991-1995; 1995-1999); Convencional Nacional Constituyente por la Reforma de la Constitución de la Nación Argentina (1994); senador nacional por la provincia de Buenos Aires (2001); presidente de la Nación (2002-2003). Su última responsabilidad pública fue la presidencia de la Comisión de Representantes Permanentes del MERCOSUR (2003-2005) y fue el fundador de la Comunidad Sudamericana de Naciones (2004). Actualmente es presidente de la ONG Movimiento Productivo Argentino.

Docente de las facultades de Derecho y de Ciencias Económicas de la Universidad Nacional de Lomas de Zamora y de la Maestría en Asesoramiento de Imagen y Consultoría Política de la Universidad de Salamanca (2010-2011) y de la Universidad Camilo José Cela de Madrid (del 2012 a la actualidad).

Ha recibido diferentes condecoraciones nacionales e internacionales por sus aportes al desarrollo del Estado y por su accionar en el campo social, particularmente en la lucha contra el fenómeno de las drogas:

1974. Distinción Internacional "Estrella de la Humanidad", otorgada por el secretario protocolar de la Meritocracia de la Humanidad y por el premier mundial de la Comunidad de Naciones, en "mérito a su desempeño como intendente por el engrandecimiento y desarrollo de la comunidad de Lomas de Zamora".

1989. Orden de Boyacá en el grado de Gran Cruz Extraordinaria, otorgada por la República de Colombia por la entrega de tres aviones IA58 Pucará para ser utilizados en la lucha contra el narcotráfico al presidente Virgilio Barco Vargas.

1991. Orden Cruceiro do Sul Gravo de Gran Cruz, otorgada por la República Federativa do Brasil.

1992. Orden de Bernardo de O'Higgins, Grado de Gran Cruz, otorgada por la República de Chile.

1992. Distinguido por la Universidad de Génova, Italia, con el título de Doctor Honoris Causa, merced a la campaña a favor de la prevención de adicciones y de la lucha contra el narcotráfico.

1996. Nombrado Profesor Honoris Causa del Instituto de Prevención de la Drogadependencia de la Universidad del Salvador. Se le otorgó una Maestría en Prevención de la Drogadicción. Fue nombrado como Profesor Honoris Causa 1996 por la Universidad de Deusto.

1999. Doctor Honoris Causa de la Universidad Hebrea Argentina Bar-Ilan.

1999. Doctor Honoris Causa de la Universidad del Salvador por la tarea de prevención de las adicciones.

1999. Orden de Mérito otorgada por la Universidad Nacional de Río Cuarto.

2004. Medalha de Mérito Farroupilha del Parlamento Gaúcho.

2005. Doctor Honoris Causa de la Universidad de Congreso de Mendoza.

2021. Doctor Honoris Causa de la Universidad César Vallejo de la República de Perú.

2022. Doctor Honoris Causa de la Universidad del Chaco Austral.

Esperamos que este libro
haya sido de tu agrado.
Para información o comentarios,
contáctanos en la dirección
que aparece debajo.

Muchas gracias.

www.hojasdelsur.com

www.ingramcontent.com/pod-product-compliance
Lightning Source LLC
LaVergne TN
LVHW041059150826
845673LV00007B/1837

* 9 7 8 9 8 7 8 9 1 6 4 8 4 *